青年成长伙伴计划

——线上职业指导导师操作手册

国际救助儿童会（英国）北京代表处　主编

同济大学 出版社
TONGJI UNIVERSITY PRESS
·上海·

图书在版编目（CIP）数据

青年成长伙伴计划：线上职业指导导师操作手册 /
国际救助儿童会（英国）北京代表处主编 . -- 上海：同济
大学出版社，2023.10
　　ISBN 978-7-5765-0930-4

　　Ⅰ.①青… Ⅱ.①国… Ⅲ.①职业选择 - 咨询服务 -
手册 Ⅳ.① C913.2-62

中国国家版本馆 CIP 数据核字（2023）第 187426 号

青年成长伙伴计划——线上职业指导导师操作手册
国际救助儿童会（英国）北京代表处　主编

责任编辑　戴如月
助理编辑　府晓辉
责任校对　徐逢乔
出版发行　同济大学出版社
　　　　　（地址：上海市四平路 1239 号　邮编：200092　电话：021-65985622）
网　　址　www.tongjipress.com.cn
经　　销　全国各地新华书店
印　　刷　上海安枫印务有限公司
开　　本　710mm×1000mm　1/16
印　　张　6.75
字　　数　135 000
版　　次　2023 年 10 月第 1 版
印　　次　2023 年 10 月第 1 次印刷
书　　号　ISBN 978-7-5765-0930-4
定　　价　48.00 元

前言

国际救助儿童会青年职业发展项目的《青年成长伙伴计划——线上职业指导导师操作手册》（以下简称"手册"）是线上导师学徒制活动套册之一。[1]《职业指导导师手册》这一阶段性成果于2018年发布后，一直被广泛推广和运用。该手册历经多年的实践，根据"青年成长伙伴计划"中收集的青年学习需求和职业指导导师反馈，不断在手册内容、编排方式上进行调整和更新。2023年，我们再次对手册进行改版，以期本手册能够更好地为职业指导导师和青年服务。

线上职业指导活动旨在协助青年提升自我认知和职业认知，并将自我认知与职业认知通过职业规划、简历和面试进行有机结合，从而能够积极地推进自我成长。本手册介绍了5个主题活动，分别为相互认识、交换工作经历、探索职业规划、实际行动和规划未来。另外，手册结合学徒的需要及导师的意愿，增加了对于性别问题的职业指导和预防招聘诈骗与劳动权益保护2个扩展阅读。

在导师参与机制方面，每位导师需要在为期1个月的时间内与学徒根据设定的主题，在项目组提供的职业指导线上平台上开展活动，并协助学徒完成指定的家庭作业。在编排方式方面，手册更接近教案模式，每一个主题活动前都有一个设计目标说明，主题之下的各个环节围绕活动目标呈现。每一个主题活动由3~4个环节组成，其流程按照活动开展的程序依次呈现，并附上与活动相关的资料。在活动环节中增加了活动技巧提示部分，提醒导师在职业指导过程中需要注意的事项。虽然本手册的叙述较为详细，但这并不意味着导师可以照本宣科，而忽视不断变化的实际情况。导师应以手册为参考与学徒协商具体内容，项目组将会安排协调员与导师对接，并提供技术支持。

本手册由国际救助儿童会和"为好优姐姐"团队共同组织编写。特别鸣谢来自广州市白云恒福社会工作服务社的社工，以及曾参与"青年成长伙伴计划"的众多志愿者导师为本手册提供的建议和支持。

国际救助儿童会（英国）北京代表处

青少年发展项目

2023年10月

1—救助儿童会的线上导师学徒制活动套册，包括《青年成长伙伴计划——职业指导导师操作手册》《青年成长伙伴计划——学徒手册》《线上职业指导导师培训手册》和《线上导师学徒制项目管理模式手册》。

概念注解

青年成长伙伴计划：救助儿童会于2018年发起的，旨在改善青年求职现状、提升青年职业认知、拓展青年职业选择和就业渠道，从而缓解就业压力的青年公益项目。本项目是一个探索线上导师学徒制模式的创新性行动。

导师：一群有爱心、愿意为青年付出时间和精力，并拥有职场经验的志愿者。导师不一定必须是青年学徒所期待的职业目标领域的专家，也可以是愿意与学徒分享个人职业知识、经验以及其他相关内容的志愿者。

学徒：15～24岁有职业指导需求的青年。目前手册内容以流动青年为主要目标群体，面向其他青年群体的内容将在未来以模块形式进行补充。

线上导师学徒制：以职业指导为导向的青年赋能模式，发挥互联网的虚拟空间优势，辅以社会组织、企业、学校深度合作，志愿者作为导师进行传授，青年作为学徒参与学习。

职业指导：以交流的形式，通过提问、分享、分析、归纳、推荐等方式，为学徒提供职业发展的信息和建议。

青年成长伙伴计划
线上职业指导导师操作手册

目录

前言 1
概念注解 2

一、青年成长伙伴计划介绍 1
（一）青年成长伙伴计划项目介绍 3
（二）目标人群的特点 3
　　1. 目标人群的心理特点 4
　　2. 目标人群的职业发展 4
（三）线上职业咨询的工作框架 6
　　1. 职业指导的最终目标：体面工作 6
　　2. 指导过程：5个主题活动 8

二、导师须知 9
（一）导师的角色与责任 11
（二）导师需要遵循的规则 11
（三）指导的中断 12
（四）导师的指导要点 12
（五）导师的指导心态 13
（六）指导过程的沟通技巧 14

三、各指导主题的活动方案 17
- （一）五大主题一览表 19
- （二）主题一：相互认识 20
- （三）主题二：交换工作经历 22
- （四）主题三：探索职业规划 25
- （五）主题四：实际行动 28
- （六）主题五：未来规划 30

四、工具说明 33
- （一）工具一：破冰工具 35
    - 1. 趣缘破冰 35
    - 2. 地缘破冰 35
    - 3. 游戏"86400块钱的故事" 35
    - 4. 游戏"两真一假" 36
    - 5. 游戏"我的盾牌" 36
- （二）工具二：自我认知之DISC测试 37
    - 1. 理解DISC测试 37
    - 2. 进行DISC测试 40
    - 3. DISC测试的应用与解析 42
- （三）工具三：乔哈里视窗 43
- （四）工具四：分享过往工作经历 46
- （五）工具五：自我能力复盘表 48
- （六）工具六：霍兰德测试 50
    - 1."霍兰德测试"的定义 50
    - 2. 认识"霍兰德测试"六大维度 51
    - 3."霍兰德测试"编码的应用 53

（七）工具七：岗位的前中后分类 54

（八）工具八：兴趣金字塔 56

（九）工具九：简历模板 57

（十）工具十：简历BALI原则 60

（十一）工具十一：模拟面试方法 63

    1. 模拟面试的方法 63

    2. 面试中自我介绍的要点 64

（十二）工具十二：目标的SMART原则 65

五、拓展阅读 67

（一）友好的职业指导 69

    1. 三个方法应对求职中的性别歧视 69

    2. 友好的职业指导原则 71

    3. 应对骚扰 73

（二）招聘常见问题 75

    1. 常见的招聘陷阱与应对方法 75

    2. 常见劳动问题 77

    3. 劳动问题类案例 78

（三）绿色职业指导 80

    1. 绿色职业指导的背景 80

    2. 绿色产业的定义和劳动力市场情况 80

    3. 绿色职业案例 87

    4. 导师如何引导青年关注绿色职业 89

    5. 绿色职业列表 90

01

青年成长伙伴计划介绍

（一）青年成长伙伴计划项目介绍

为改善青年求职现状、提升职业认知、拓展职业选择并帮助青年获得就业机会，从而缓解就业压力，救助儿童会发起了"青年成长伙伴计划"青年公益项目。本项目是一个探索线上导师学徒制模式的创新性行动。通过与企业、学校和社会组织合作，"青年成长伙伴计划"将协助有爱心、愿意为青年付出时间和精力、拥有职场经验的志愿者成为导师，与有职业指导需求的青年建立"成长伙伴"关系，并通过线上的方式开展以职业发展为中心的指导活动。

"青年成长伙伴计划"由救助儿童会发起，与广大社会公益机构合作，于2018年正式开展，截至2023年有导师180名，参与青年超过1200名。2023年，"青年成长伙伴计划"持续优化职业指导内容，推广线上导师学徒制模式，扩大导师队伍与受益青年群体覆盖面。

（二）目标人群的特点

目前手册的主要对象是15~24岁、本科以下学历的流动青年（不在户籍所在地工作和生活的青年）。由于面向不同类型的青年的职业指导存在共性，手册中谈及的职业指导技巧和理念对于大部分青年的职业发展也有参考借鉴意义。当然，伴随着项目的开展，职业指导的目标人群也许会有所扩充。届时，根据扩大的目标人群，本手册将进一步进行补充和修订。

一谈到本科学历以下的流动青年，你有什么印象？新生代农民工、"杀马特"青年、待业青年、考学失败者？这是社会给这个群体的固有标签。那么现在让我们重新认识一下他们，即目前项目所针对的"流动青年"。

首先，部分论文和媒体称[2]，流动青年呈现出"低自尊、自控力差"的情况。我们不反对这种说法，其实在全民焦虑的时代，包括导师自己，也有迷茫和困惑，也会在各种信息和娱乐App中不断反省和重建自制力。因此，社会与大众媒体对流动青年的评价，可以作为参考，但这并不是流动青年的特征。迷茫和自卑，已经成为当今社会许多人的普遍感受。因此我们建议导师，面对学徒时，慎用"低自尊"的标签。

同时，低学历青年与高学历青年确实有区别，主要体现在他们对未来职业的想法不同。项目针对不同学校的青年的职业理想进行了调研。职业高中的青年，他们的理想更多的是技艺型岗位，比如电工、汽修、餐饮等，而普通高中的青年的职业理想往往集中在白领类别的工作，如律师、金融行业从业者、医生或公务员。这些差异源于他们对现实资源和职业阶层的切实思考，并不是自卑和迷茫的表现。

2—孙灯伏，赋权视角下流动青少年职业选择问题研究[D]，福州：福建师范大学，2017.

1. 目标人群的心理特点

结合过往项目经验和相关研究，本科以下学历的流动青年的主要心理特点是：他们觉得自己不属于任何一个群体。这类青年是极具个体性的[3]。

他们不是农民、不是白领、不是农民工……在自我认同上，他们不会刻意地将自己归为任一群体；职业、户籍、学校或来自媒体的称呼都不被他们认可。相反地，他们始终认为自己是个体化的。

而各位导师作为充分社会化的成年人，其实会主动地寻找归属群体。比如我是"考研党"，我是打工人，我是"北漂"，我是创业者，我是公益人、"码农"、"金融民工"……那么如果青年在任何群体里都找不到归属感和身份认同感，对于他们自己和整个社会的发展来说，这是机遇还是挑战呢？

针对这个问题，我们采访了几位导师，初步结论如下：

① 这种没有归属的感受其实是自卑的表现之一。比如受采访者是农村出身的大学生，在城市生活工作这么多年，还是觉得自己和土生土长的城里同事不太一样。

② 这些青年只是不喜欢社会属性的标签，却尤其喜欢有自己兴趣属性的标签。"二次元""宅男宅女""吃货""CP党"和"现充"[4]这类话题标签，也许是他们会自发探讨并认可的。

③ 缺失归属标签其实也是阶层差异化的体现。他们未来会归属于哪个阶层还未可知，还有更多的可能性。

你同意以上几种观点吗？从社会学角度看，任何流动背后的期待都是渴望通过流动，进入新的阶层。他们中的大多数，在农村出生或长大，渴望通过流动进入城市中上阶层。

2. 目标人群的职业发展

（1）短工化是恶性循环的根源所在[5]

流动青年在城市社会从事的行业多为餐饮、搬运、装饰建筑、美容美发、快递、运输、制造业等，这类职业有以下特点：一是岗位本身保障性差，老板不干了，项目结束了，员工很可能就失业了；二是离职和求职的成本低——上午从这家辞职，下午就能找到新的活干。

比如广州地区的劳动力市场属于卖方市场，"用工荒"经常发生。容易找到工作又使得青年人更轻易放弃工作。如此这般的"用工荒"和短工化就形成了恶性循环。其结果就是流动青年长期处于非正式的、不稳定的以及低技能的工作岗位上，难以获得稳定的工作机会。再比如，北京的某用工中介公司介

3—刘继文. 区隔感知与认知转向——关于流动青少年个案的生命历程研究[J]. 山东青年政治学院学报,2019,35(02):51-57.DOI:10.16290/j.cnki.sdqnzzxyxb.2019.02.010.

4—此处列举的标签，为互联网和动漫文化延伸的称呼，可以通过网络进一步了解。比如"现充"，是现实生活充实的意思，通常指一个年轻人有朋友、能社交。

5—孙哲,张红斐. 超大城市社区治理模式与流动青少年的就业困境——基于广州与上海的比较[J]. 青年学报,2017,(01):59-66.

绍,没有销售压力的客服类工作,只要干够6个月就提供探亲车票报销。就经验而言,只要8~10个月就能升领班,但是年轻人太不稳定了,就是待不住。短工化,不仅仅是流动青年的特征,也是整个年轻一代"打工人"(包括大学生)的职业特点。领英2018年对其15万份用户资料进行统计发现,职场人第一份工作的平均在职时间呈现出随代际显著递减的趋势,"95后"的平均第一份工作时间仅有7个月,而"70后"为51个月。

(2) 兴趣在职业选择中占比较大

调研显示,流动青年在考虑工作岗位时,兴趣占比权重非常大。如表1所示,针对"00后"的部分问卷显示,兴趣的权重甚至超过了收入[6]。

表1 东莞市流动青年职业价值观分布表

	人数	百分比(%)	有效百分比(%)
兴趣爱好	810	42.0	42.0
父母期望	200	10.4	10.4
工作报酬	200	10.4	10.4
社会地位	70	3.5	3.5
发展前景	650	33.7	33.7
总计	1930	100.0	100.0

(3) 缺乏职业指导,但是非常需要指导

没有接受过职业指导不等于不需要职业指导。流动青年在追求个人职业发展上,还面临诸多问题。第一是身边的支持资源相对较少,包括信息资源,比如社会上的学习提升资源或者常见职业的真实待遇等;职业认知,比如求职的过程、常见的行业和岗位分类;以及经济资源,比如异地求职的成本。第二是迷茫与从众,就业呈现集中趋势,同乡和同伴对个体的影响力比较大,青年可能跟随同伴直接入职或离职,就业选择集中在餐饮、美容、酒店、销售、客服等行业。第三是身边信息混乱,诈骗风险和劳动权益被侵犯的风险较高。最后,他们也承受着性别歧视与学历歧视。因此,我们认为,流动青年对职业指导的需求是真实且迫切的。

远远的故事

远远,籍贯安徽,在服装设计中专的第二年,她被学校安排进入工厂。但是后来工厂核查,其身份证显示不到16周岁,而本人实际已经超过16岁了。工厂为了避免麻烦,请她离开了,可是学校又不上课了。远远在非常烦躁的情况下,开始接受我们指导。

6—姚凯,杨圭芝. 东莞市流动初中生职业理想现状的调查与反思[J]. 青少年研究与实践,2018,33(02):46-51.

首先导师与她确认：身份证上显示的年龄不到16岁，就是不能出去工作的，因为正规的公司都需要遵守国家法律法规。

接受这个现状后，远远就在老家县城，一边兼职一边学习。最后她决定，在一家饭馆做收银员，同时自学Excel软件，每天用Excel记录饭馆账目。两个月后，远远觉得工作很没意思，想要辞职。这个时候同学喊她去广西创业，说那边是新的商业模式，不用考虑身份证问题。导师立刻提醒，这很可能是传销，你可以问问你同学，究竟是什么工厂，有没有名称，做什么产品。远远仔细询问，感觉同学也说得不详细，于是拒绝了。但是4个月后，远远还是觉得在饭店做收银工作时间长，太辛苦，于是经父母推荐，进入当地一家茶馆，学习茶艺和做茶叶销售工作。3个月后，按照身份证的日期计算，她已经16周岁了。在导师的帮助下，远远通过网络，到广东佛山应聘，进入服装公司做淘宝客服。导师建议她把这份工作做够1年后再考虑跳槽。

（三）线上职业咨询的工作框架

1. 职业指导的最终目标：体面工作

"青年成长伙伴计划"的最终目标是通过职业指导提高学徒获得体面工作的可能性，进而实现高质量就业。了解就业质量的概念和内涵，有助于导师在职业指导过程中为学徒提供更为深刻和详尽的职业信息，加强学徒对"工作"的理解和想象。

自国际劳工组织（1999）提出"体面劳动"[7]的概念以来，就业质量在世界范围内得到广泛关注。就业质量是一个衡量劳动者在就业过程中的就业状况、各方面满意程度的综合概念，既有宏观和微观方面的界定，又有主观和客观方面的考量。

宏观层面的就业质量则指一个国家或地区劳动力市场的运行状况和资源配置效率，包括劳动力供求状况、就业规模与就业结构、公共就业服务质量以及平等的工作机会等；微观层面上的就业质量通常指劳动者的主观感受，高质量就业意味着稳定的就业机会、良好的就业环境、合理的报酬增长机制、受到有效保护的劳动权益和完善的社会保障体系等。

另外，就业质量对于不同群体也有不同的衡量标准，对于就业相对弱势的群体而言，提高就业质量的诉求往往集中于正规就业、安全的工作环境和职业健康以及基本劳动权益保障等方面；而当基本就业

---

[7]—"体面劳动（decent work）"是由国际劳工组织提出的一个劳动概念。它是指根据就业人员自身和其所属集体的条件，保障其自由、安全、尊严和公正的劳动。

需求满足后，劳动者会更看重就业的发展性、成就感和价值感，对就业质量的诉求更多涉及劳动者的发展和尊严，如价值实现、工作生活平衡、公平性等。

救助儿童会联合中国劳动和社会保障科学研究院，针对青年个体层面开发，对就业质量的指标解释、衡量标准以及计算方法进行了详细的阐释。借鉴当前比较成熟的体面劳动、工作质量、就业质量等指标体系，针对青年群体的特点，青年就业质量评估指标主要包括以下内容：

（1）**劳动合同**。劳动合同关系到劳资双方合法权益保护和劳动者安全健康，是劳动权益保障的重要手段，也是衡量就业质量的重要内容。

（2）**劳动报酬**。收入水平是劳动者的工作能力、自身素质以及对社会和企业创造价值的最直接体现，也反映了社会和企业对他们自身价值的认可，劳动报酬的可获得性和等价性体现了劳动者基本劳动权益的实现程度。

（3）**工作时间**。工作时间合理，避免过度劳动，是体面就业的重要特征。如果工作时间不足，则报酬难以得到有效保障；如果工作时间过长，会对劳动者健康造成损害。

（4）**社会保险**。用人单位为劳动者提供较为全面的社会保障有助于劳动者提高抵御风险的能力、保证基本生活质量以及实现社会公平和营造社会安全感，对实现更高质量发展具有重要作用。

（5）**工作条件**。工作条件是保障员工健康的基础，同时也是高质量就业的必要因素，高质量就业的目标之一就是使劳动者在健康、安全的条件下工作。

（6）**职业发展**。职业发展是激励员工的重要动力，如果职业没有发展，就业便如一潭死水，劳动者工作也没有积极性，因此，高质量工作应该为员工提供可见的发展路径。

（7）**工作满意度**。工作满意度是反映就业质量的综合指标，是劳动者对于当前就业状况满意度的整体判断，工作满意度越高，说明就业质量越高。

（8）**工作安全感**。工作安全感是指一个人在工作中获得的信心、安全和自由，特别是满足一个人现在或将来的各种需要。一份高质量的工作，应该为劳动者提供较强的工作安全感。

（9）**离职意向**。离职意向是指个体在一定时期内变换其工作的可能性。劳动者离职意向越高，说明对当前工作的认可度越低，就业质量也相对较低。

（10）**职业认同感**。职业认同感是劳动者对其所从事职业的感受，是在从事某种职业活动过程中，对该职业活动的性质、内容、社会价值等的认可程度，认可程度高也是高质量就业的应有之义。

以上10个指标的实现，涉及大的工作环境，同时也与青年个体的职业认知和职业规划相关。线上职业指导的过程，以促进自我认知和职业认知为出发点，以形成职业规划和行动为落脚点，将有助于青年就业质量在以上10个指标方面的提升。

2. 指导过程：5个主题活动

基于以上目标人群心理和职业特点，以及项目目标，我们设计了线上职业指导的主题脉络，从自我认知和职业认知入手，到职业规划和落地行动。线上职业咨询活动具体分为5个主题内容，分别为**相互认识、交换工作经历、探索职业规划、实际行动和未来规划**。另外，可以结合学徒的需要及导师的意愿，增加2个扩展阅读，分别为对于性别问题的职业指导和预防招聘诈骗与劳动权益保护。

每位导师需要在为期1个月的时间内根据设定的主题，在项目组提供的职业指导线上平台上开展职业指导活动，并协助学徒完成指定的作业。本手册将对每个主题活动内容、预计花费时间及推荐使用工具进行说明，导师可以参考手册与学徒协商具体内容，项目组将会安排协调员与导师进行联系，并提供技术支持。

匹配成功的导师和学徒双方在约定时间，点击项目协调员提供的链接进入会议室，双方可以选择视频或音频模式开展咨询活动，每次沟通时间建议为30~60分钟。

02 导师须知

（一）导师的角色与责任

导师是一群有爱心、有激情、愿意为青年付出时间和精力的成长伙伴。参与项目的导师不一定是对各个行业岗位都熟悉的专家，而是愿意且能够把自己的经验传递给学徒的志愿者。**导师提供的指导不是心理咨询，不是职业介绍，而是提供信息从而帮助学徒认识真实的社会机制，提供具有人文关怀的鼓励和陪伴。**

导师的责任：

1. 参与"线上职业指导导师"直播培训（约300分钟）或观看完整的"线上职业咨询导师培训"视频课，通过考核成为导师；

2. 在1个月内，与1名青年开展时长约200分钟的线上职业指导活动；

3. 协助学徒制订个人职业发展目标和计划；

4. 每次指导活动结束后，填写导师反馈问卷；

5. 最后的指导活动中要有一个正式的告别仪式。在最后一次对话中，需跟学徒正式告别，告诉学徒这是最后一次服务，以明确关系的结束；

6. 遵守"手册"中明确的导师行为守则。

（二）导师需要遵循的规则

1. 遵守法律法规，尊重所配对学徒的民俗习惯；

2. 导师和学徒须相互尊重、相互监督，不因对方的民族、性别、信仰、性取向、任何形式的残障、家庭或父母背景等原因而出现歧视或骚扰行为；

3. 导师需平等对待每一位学徒；

4. 导师不得泄露在交流过程中取得的任何资料，包括但不限于学徒的个人资料和导师操作手册，并不得擅自将其在指导活动中取得的任何资料用于商业行为；

5. 导师有责任和义务保护学徒的隐私，从项目渠道、职业指导活动中获知的个人信息，仅作参与项目使用；未经同意，不得以口头、书面等任何形式，通过项目外渠道传播；

6. 按约定频率开展线上交流活动，如有特殊情况需提前跟项目组工作人员沟通，并协商调整时间；

7. 原则上只可以跟项目组推荐的学徒进行交流，如有特殊情况需要跟其他学徒开展活动，须向项目组工作人员提出书面申请；

8. 导师不能私自向所配对的学徒以及项目涉及的其他学徒提供金钱或其他超出计划内容的支持；

9. 导师不能私自约见配对学徒以及项目涉及的其他学徒，如有需求须提前与项目组工作人员进行沟通；

10. 参加项目活动时听从项目工作人员的组织，以及注意个人安全问题；

11. 导师应处理好与学徒的关系，尽量避免发生同行伙伴关系之外的感情；

12. 导师如违反以上任一规则，项目组有权劝退。

（三）指导的中断

如果指导过程难以进行，是可以中断的。任何计划都会在具体执行中遇到挑战，根据我们采访过的优秀导师的经验，在以下情况下都可能需要中断指导：学徒有比较严重的心理问题，需要更专业的心理干预；导师自己身体欠佳或者因个人事务而精力不足；还可能双方沟通了几次后发现彼此非常不认可……这些情况，导师都可以提出中断。我们建议的中断方式如下：

第一步，导师向工作人员详细地说明中断原因，以及自己的安排。导师中断指导后，也可以根据具体情况继续接受与其他学徒的匹配。

第二步，工作人员与学徒沟通，安排中止指导或者转介绍其他导师与之匹配。

（四）导师的指导要点

导师在指导的过程中需要注意两个要点：第一，针对短工化问题；第二，针对兴趣引导。

针对短工化的问题，应明确不是绝对不能跳槽，但需要直面跳槽原因，说明职场规则并促进稳定性。稳定性是一个综合因素。导师应帮助学徒理解如何为自己尝试的方向负责，如果学徒要尝试某个方向，可以建议他先切实地体验一把，这通常需要半年到一年时间。同时导师要引导学徒理解真实的职场，频繁换工作确实会折损自己的个人形象，导致之后求职的难度增加。当然，一个人的求职行动是否稳定，其影响因素确实是复杂的，既有市场竞争和世俗意见，也有个人意志力的体现。

针对兴趣，导师需要引导兴趣探索。探索兴趣的真实性和兴趣的稳定性可以帮助学徒核查自己的兴趣是否真实且稳定，是否在真实的劳动力市场中有变现的可能。即不要对学徒说"你的兴趣就是玩，不能变成职业"，也不要轻易地鼓励学徒盲目追求兴趣，而是将兴趣拉进现实层面考量。

总之，短工化问题和兴趣引导回应了目标人群的基本特点，给导师开展职业指导以具体抓手。而在培训课程和手册中，导师将学习如何使用具体的工具来进行兴趣和稳定性的引导。

（五）导师的指导心态

首先提醒一点，很多学徒找到我们，非常渴望直接得到一个总结、一个答案，这本身就是一种偷懒！而导师也不要觉得，我要给青年一个答案或者一个总结，才显得自己有价值。提到这一点，是因为我们确实下意识地想要通过总结来解决问题，似乎对各类问题进行总结，才是正确和有价值的。因而在此也提醒各位导师，可以**迟一点下结论，多探讨问题。**

再次重申一下线上职业指导导师的定位，即**边界感：**不是心理咨询，不是职业介绍，而是提供信息从而帮助学员认识真实的社会机制，并提供具有人文关怀的鼓励和陪伴。

关于导师的行为准则，前面已经有介绍。接下来重点探讨一下指导中的心态问题。

- **集中注意力**，如同镜子一样先客观地映照学徒的真实经历和现状。按照动力心理学的观点，"诚实的镜子"意味着看到学徒的真实情况和心态，也可以理解成专注地倾听，这本身就是一种鼓励。

- **提出评价时**，记住导师与学徒掌握的信息是不对称的。比如，导师向学徒提出问题时可以说："听你讲完这个故事，我试着指出你的问题，如果你觉得我说得不对，那么我请你一定要告诉我，因为我很可能并不真的理解你。"再比如，学徒反驳我们时，不要将这种反驳看成挑战，而要记住你们彼此的信息不对称。

- **开放心态**，分享自己。我们的咨询并非AI之间的对话，导师分享自己的人生经历或感受对咨询过程很有帮助。评论家莱斯利·福利尔德（Leslie Frielder）说："教师，非领域专家也。他并非在教授一门课，而是在分享他的人生。"苏格拉底也曾说过："师生之间，一旦关系建立，将是永恒的。"其实在学校里我们也有类似的经验，如果一位老师从不分享个人信息，那么学生和他的互动也会较少。所以导师在指导中，可以分享自己的个人故事以及感受。

- **接受失败**。任何工作都是有边界的，所以我们的职业指导，也并非总是行之有效的。家庭问题、情绪心理问题乃至社会问题，经常就超过了指导的边界。成为职业导师后，我们会发现：生活比电影复杂多了。所以各位导师，请客观看待结果——一个人的职业发展，经常与他背后的家庭、他的情绪和社会环境相关，而我们的工作，不能解决所有问题，有时候学徒面临的困境是在导师指导范围以外且旁人束手无策的，导师们要认清事实，不要给自己过大的压力。

一个指导失败的案例

一位男性青年，23岁，机械自动化专业，在老家吉林当汽车工程师，他找到一份在深圳的工作，年薪能有20万元。他的女朋友在老家的街道工作，不同意他去深圳，两人讨论后，女朋友表示妥协：结婚生孩子之后男方才能去深圳。这位男生希望导师劝服其女朋友支持他，一起去深圳生活，他相信到深圳会有更多发展机会。当时的导师认为这件事容易说不清楚，而且会让自己介入对方较隐私的领域，于是直接告诉这位学徒"抱歉，这件事我无能为力"。

还有更多的因素可能导致指导失败。比如，遇到边缘型人格的学徒，他们认可你的时候，会表现出高度的依赖和亲密，但是非常敏感、易怒。再比如，学徒状态非常不稳定，第一次接触时表示一定要做游戏设计，第二次接触时表示游戏设计根本不好发展，想要晋升学历的同时去厦门从事贸易行业，而下一次沟通说正在老家准备考事业编。这类学徒的指导难度也非常大。指导中，如果出现让人感到难以继续或者收效甚微的情况，导师可以与项目协调员沟通分享自己的进展和困惑。项目也会定期举办答疑活动，为导师提供支持。

（六）指导过程的沟通技巧

在沟通技巧上，推荐使用"下切式沟通"。 在人与人的对话中，有三种沟通技巧，分别是上堆、平行和下切。

- **"上堆式沟通"，进行总结。** 比如，我觉得你好棒呀。
- **"平行式沟通"，进行联想。** 比如，你现在的困惑，和我侄子差不多，我侄子今年15岁……
- **"下切式沟通"，进行细化。** 比如，看来你为XX是努力过了，那么当时成绩如何？或者当时遇到什么困难了吗？

"下切"，即将事情引入具体场景和任务中，是最有效的信息交换方式，其在沟通中的占比应该最大！所以大家在聊天中，应多使用"下切"。导师不要总是想着"我要给对方一个结论和答案"。推荐导师在指导中，集中且大量地使用"下切式沟通"，即不断地进行具体细节的提问和具体层面的分享。

总之，在指导沟通过程中，随时可能出现挑战，导师需要时刻注意运用前面提到的沟通技巧，调整心态。

基于过往经验，导师在职业指导过程中，经常会遇到如下问题，在此罗列并作初步说明。

问题一：学徒沉默

当学徒沉默不回应的时候，导师容易有挫败感。这个时候，我们建议导师：（1）确认学徒报名项目的初心是什么。此时可以引导学徒说出真心话，比如，是不是学校老师直接安排来的，或者对职业指导是否有自己独特的期待（就我们的经验来看，有的学徒会期待导师直接告诉自己适合做什么工作，或者现在干什么挣钱）。所以我们推荐导师面对学徒的沉默时，先确认学徒报名职业指导的动机。（2）允许沉默环节产生。对于导师非常想讨论的问题，比如询问学徒对某段经历的感受，而学徒沉默时，导师可以耐心等待几分钟。（3）如果觉得学徒是感到难以说明，那么可以将问题变成选择题。比如讨论要不要学历深造时，导师发现学徒不回应，可以主动给这个问题设置选项，比如"你是想要学历深造，还是想要直接工作呢？"通常，选择题比简答题更容易得到答案。而以上三种方式，也是"下切式沟通"的具体应用。

问题二：学徒前后不一致

在讨论选择问题时，导师也许会发现学徒前后不一致。比如某位学徒，在描述自己为何从上一家公司跳槽时，强调这份工作特别枯燥、重复性强，自己学不到东西。而在之后的描述中，这位学徒又说自己并不能胜任上一家公司的工作，工作太难了，"还没人教我，带着我"。这就是前后矛盾了。首先导师要对学徒话语中的逻辑保持敏锐，注意到其中前后不一致的地方。其次，当发现前后不一致时，我们建议导师：（1）直接确认，指出前后不一致的地方，请学徒再次说明。（2）用其他问题交叉检验，就上面的例子来说，导师可以询问"当时你的上司是如何评价你的"，来交叉检验前后不一致的内容。

问题三：学徒直接表达对导师的反对和不满

误解确实会发生。有时候学徒基于自己的理解，认为导师对自己的评价不正确，或者感到很受伤而情绪激动。我们在项目中，也遇到过学徒直接地说"你又不懂，你凭什么这么评价我！""你的建议没什么用。"这种反馈对导师是一种挑战。我们建议导师：（1）感谢学徒直接告诉你他的感受，这样你才知道自己如何帮助他，或者因为他的反馈你意识到自己需要调整并理解学徒。（2）具体问问，哪句话或者哪个建议，学徒觉得不对。这也是下切话术的应用。注意，不要和学徒在是非态度问题上进行争辩，比如学徒说"你说得不对"，而导师强调"我都是为你好"，这样的对话具体信息太少，没有做到"下切"而并不能有效地交换信息。

各指导主题的活动方案

（一）五大主题一览表

五大主题活动，旨在促进学徒提升自我认知和职业认知，通过职业规划、简历和面试将自我认知与职业认知有机地结合，并能够积极地推进自我成长。自我认知有助于增强自信心，而职业认知有助于降低迷茫。我们希望，5次主题活动之后，学徒能够增强自我认知和职业认知，成长为一名合格职业人。

促进自我认知与职业认知	主题一：相互认识	
	工具	破冰游戏
	作业	完成DISC测试，准备一段自己的经历分享
	主题二：交换工作经历	
	工具	描述工作经历的方法、DISC测试、乔哈里视窗（可选）
	作业	完成能力复盘表、完成霍兰德测试、写下职业规划

融合自我认知与职业认知	主题三：探索职业规划	
	工具	岗位分类、能力复盘表、霍兰德测试、兴趣金字塔
	作业	完成自己的职业规划表单、准备简历
	主题四：实际行动	
	工具	简历模板、简历BALI原则、模拟面试方式、SMART标准
	作业	导师填写"学徒优势评估"、制定1~3个月计划

落地行动与退出	主题五：未来规划	
	要点	给予反馈和正面认可，分析1~3个月的计划并促进行动，正式告别

（二）主题一：相互认识

定位

破冰环节能够奠定整个指导过程的基础。顺利的破冰，能够让学徒信任你并且愿意主动分享自己的困惑。而不顺畅的破冰，则会让导师和学徒持续"尬聊"，效果甚微，甚至对双方来说都是浪费时间。

所以指导关系确立后的第一个环节是破冰，即相互认识，同时实现以下目标：

- 导师和学徒能轻松愉快地介绍自己的主要特征、爱好和期待；
- 双方就指导的过程和效果形成共识；
- 导师能够对学徒的性格特点、当下需求有基本的理解。

过程

步骤	内容	推荐时间	推荐工具
自我介绍	**表示欢迎并相互介绍：** 完整地了解彼此的基本信息，包括籍贯、学历、年龄、家庭等。学徒也许不会主动问导师，那么导师要自己主动介绍。	5分钟	无
交流爱好	**真诚地分享自己的爱好：** 可以给对方推荐自己爱好领域的具体事物，不要一句话就结束，尝试深入了解学徒的爱好。例如，学徒喜欢看动漫，那么可以请他给你分享一部作品，并且说说为什么喜欢这部作品。	15分钟	工具一 "破冰工具"

步骤	内容	推荐时间	推荐工具
近况分享	1. 导师分享自己为什么选择做导师，学生可以分享自己为什么来报名项目； 2. 分别聊一下最近一年遇到的机会、挑战等。	15分钟	无
沟通安排	1. 沟通职业指导过程，确认期待与职业指导边界； 2. 沟通后面几次活动的时间安排。	10分钟	无
作业	布置作业： 1. 请学徒完成DISC测试，导师也可以要求学徒现场完成； 2. 请导师准备一段工作/学习经历用于分享。	5分钟	工具二 "DISC测试" 工具四 "过往经历分享"

注意事项

注意是否进入"尬聊"的局面。"尬聊"很可能会发生，而一旦开始"尬聊"，后面的交流都会流于表面——学徒会粗浅地分享、敷衍地认可你，而你的建议也只会被学徒表面接受。所以请导师在第一次接触时，注意交流是否流于表面。具体检查标准有如下几个：第一，学徒是否很客气，如你是否感觉到学徒和你说了两分钟就只剩下客气话了；第二，学徒是否无话可说，如你是否感觉一个问题说两句就结束了，不能展开更深入的交流。

作业说明

1. DISC测试：网络上有很多DISC的资源，下图是我们提供的小程序，请在使用前确认其是否免费。如果找不到免费资源，可以参考DISC工具介绍中提供的10道测试题，直接将10道题给学徒进行现场测试。具体见第四章"工具二"。扫描下图中的二维码后，复制小程序链接（#小程序://DISC性格/DISC性格色彩测试/Vg-18qiRMilgacFy），在微信搜索栏中打开，即可进入测试。**注意：这个测试会先给出免费的报告，之后会引导测试者购买详细版的报告，建议导师提醒学徒，不需要付费，初步的结果就可以用来作为参考。**

2. 导师准备一段工作经历，在下一个主题活动中分享。可以参考以下提纲：我是如何进入这份工作的；在这份工作中，我的成就和挑战是什么，讲述一件印象深刻的事情；这份工作的收入待遇和加班情况如何；从事这份工作需要什么技能；你对我还有什么问题。同时请学员分享关于自己的工作经历。具体参考"工具四"。

（三）主题二：交换工作经历

定位

设置这个环节，是因为真实的故事对于年轻人认识社会往往更有效。真实的故事可以是一个抓手，帮助学徒提高自我认知和职业认知。这是导师们接下来对学徒进行评价和建议的基础。

此环节的目标包括：

- 提高学徒的职业认知；
- 提高学徒的自我认知。

过程

步骤	内容	推荐时间	推荐工具
开场	问候并回顾上一次活动的内容。	5分钟	无
交流DISC测试结果	1. 交流彼此的测试结果，分享测试体会； 2. 导师对学徒的测试结果给予反馈，比如追问具体的压力来源。	10分钟	工具二 "DISC测试"
工作学习经历分享	1. 导师分享一段自己的工作经历。 分享提纲（具体参考第四章"工具四"）： （1）我是如何进入这个行业的？ （2）入职后我的成就和挑战，讲述一件印象深刻的事情。 （3）这份工作的收入待遇和加班情况。 （4）从事这份工作需要什么技能？ （5）你对我还有哪些好奇？ 2. 学生可以分享自己的工作、实习、实践、兼职等经历。 3. 相互提问，在故事交流中，结合DISC测试分享自己的行为和人际交往习惯。视具体情况，选做"乔哈里视窗"。	30分钟	工具四 "分享过往经历" 工具三 "乔哈里视窗"
作业	1. 请学徒完成"自我能力复盘表"； 2. 请学徒完成"霍兰德测试"； 3. 请学徒写下初步的职业规划。	5分钟	工具五 "自我能力复盘表" 工具六 "霍兰德测试"

注意事项

首先，请导师在分享自己的工作时，先分享薪资福利待遇。导师可以不提自己目前的工资，但是要说明新入行年轻人的工资水平，即这个领域的初始工资。工资是职业的关键因素，也是信息最不对等的地方，**同时也是学徒最感兴趣的部分**，因此如果不提工资，那么所谓的工作故事分享，就有避重就轻之嫌。

其次，在分享自己的工作经历时，注意描述**人际关系、感受、工作环境、自己的从业时间和是否有跳槽经历**这几个关键要素。人际关系是所有人普遍关心的话题，而感受是最个性化的部分，工作环境对很多外行人来说是最不清晰的信息。结合第一章的目标人群特点，学徒职业特点就是短工化和重视兴趣，而分享以上几个要素，对短工化和重视兴趣两个点都有回应。

最后，"DISC测试"的重点不在于准还是不准，而在于用"DISC测试"分析日常的压力来源和行为习惯，并且说出具体的故事。比如学徒的测试结果是一只孔雀（字母I得分最高），但是他觉得自己不是孔雀，而是老虎。那么我们就推荐学徒想一想，在过去发生的重要的事情中，压力来自哪里？每次会害怕什么样的后果？比如让我当班长，我会害怕别人不喜欢我，还是害怕事情太多？

作业说明

（1）自我能力复盘表，请查看"工具五"中的表格，可以将表格直接分享给学徒，请学徒填写好后待下次展示。

（2）"霍兰德测试"测试二维码如图（此为公共资源，可能会有变化）。具体见"工具六"。
注意：这个测试会先给出免费的报告，之后会引导测试者购买详细版的报告，建议导师提醒学徒，不需要付费，初步的结果就可以用来作为参考。

（3）**学徒初步写下职业规划**，此处可以先鼓励学徒大胆地写出来，不用在意是否写错，以便在下一个主题活动中引导学徒更深刻地理解职业规划。

转载APESK

（四）主题三：探索职业规划

定位

职业规划是任何职业指导都不能回避的话题，但是职业规划又是每个人职业发展中比较难的问题，所以我们将职业规划安排在"主题三"。经过前面两个主题的学习和讨论，导师与学徒已初步熟悉彼此，在这个时候再探讨职业规划问题是有基础的。也因为职业规划的难度较大，该主题下工具较多，包括自我能力复盘表、霍兰德测试、兴趣金字塔、岗位分类等，也需要导师投入较大的精力。

此环节的目标包括：

- 融合自我认知与职业认知；
- 形成当下初步的职业规划。

过程

步骤	内容	推荐时间	推荐工具
开场	相互问候并回顾上一次主题活动。	5分钟	无
导入	1. 初步询问学徒的职业规动，如"你想做什么工作""你想去哪个城市""为什么"； 2. 导师以自己的职业规划为案例，帮助学徒理解职业规划的定义和作用。	15分钟	**工具七** "岗位分类"
能力复盘	讨论学徒的作业，从专业技能和可迁移技能两个方面，复盘学徒的能力。	15分钟	**工具五** "能力复盘表"

步骤	内容	推荐时间	推荐工具
深入讨论	1. 讨论学徒作业，解析"霍兰德测试"，看看学徒是否真的对"霍兰德测试"指出的职业方向感兴趣，还是觉得不行？ 2. 如果学徒的职业规划全在兴趣上，那么可以用兴趣金字塔分析：其兴趣走到第几层，是否有在职业上变现的条件。	15分钟	**工具六** "霍兰德测试" **工具八** "兴趣金字塔" **工具十二** "SMART标准"
总结	试着和学徒一起归纳出1~3个职业规划的方向，请学徒扫描二维码并填写"我的职业规划表单"。学徒填写完后把截图分享给导师，导师尝试与学徒结合本次活动内容对表单进行讨论。 **表单的主要内容为：** 我有_____优势； 我希望未来3年，进入_____行业， 从事_____岗位。	10分钟	请导师与"青年成长伙伴计划"项目人员联系，获取"我的职业规划表单"二维码。 导师可通过以下二维码简单了解样例。以下二维码仅供参考，不能用于实际活动。
作业	1. 请学徒准备一份简历； 2.（备选）就学徒职业规划下的方向，进一步收集信息（导师可以提供收集信息的渠道、收集目标方向等方面的内容）。	5分钟	**工具九** "简历模板"

注意事项

第一，**不要混淆工作要求和职业规划**。一位求职者可以有很多工作要求，比如我要工资不低于5000元，我要有双休日，或者我希望能学到东西……这些叫工作要求。这些工作要求本身没有问题，但"工作要求"不能用"职业规划"来冠名。社会上，很多人常常将工作要求误认为是自己的职业规划。职业规划不需要多么复杂华丽的描述，就是直接回答你想要进入什么行业、从事什么岗位。因为职业是参与社会分工，那么职业规划就是回答我如何参与社会分工。社会分工就是行业和岗位，而一份工作的最终价值是分工价值。看待职业应关注其社会分工价值，这本身就是职业精神的体现。导师需要在活动前熟悉"工具七"。

第二，**我们需要寻找到命中注定的、最合适的工作吗？不用，而且也不存在一个天命所在的职业**。很多学徒希望找到一个天命所在的职业，让自己从此走向成功，这本身就是一种急功近利的态度，似乎找到这个工作后就不会迷茫犹豫，就能成功了。探索的过程是不能省略的，试错本身也有价值，因此一个人能适应很多职业。所以在这个模块，学徒可以在讨论后形成2~5个求职目标。导师也可以结合自己的经验，告诉学徒自己当下的工作状态是一路博弈的结果。所以基于规划的行动是最重要的。

第三，**很多学徒难以形成职业规划，是因为持有"非理性信念"**。常见的"非理性信念"有以下三种。如果你指导的学徒出现以下情况，你可以询问他是否过于害怕失败或者感到焦虑，建议学徒集中注意力。

• 认为只要一件事情产生了影响，那么这种影响就会持续一辈子。比如我现在开始做这件事，那么我的人生就被放置到这个轨道上了，而我将来没能力离开这个轨道。

• 经常把危险或灾难性事件的发生挂在心头。比如，万一我在新的企业又适应不了，那么就坏了！坏到没办法解决了！

• 对于任何一个问题，都应该有正确的、完美的解决办法，如果找不到，就会很糟糕。比如，我现在要通过各种手段，找到一条最正确的路。

第四，**帮助学徒走出单向度的成功标准**。社会上确实容易将工作分成三六九等，即职业偏见。职业偏见是不合理的认知。在中国，很多人都希望拥有极其稳定且体面的工作，如国企高管、政府要员等职位。可是这些工作的社会需求度小，且这些职业的工作环境也并非世外桃源般幸福美好。如果被很多浮华的网络信息影响，认为只有高工资和高要求的工作才能证明自己，其他工作都是失败的，这其实是被外界彻底规训，反倒是失去了客观的自我认知，并不是真的在追求自己的价值。

（五）主题四：实际行动

定位

安排这个环节，有4个意义：（1）相比职业规划，简历和面试技巧分享，对学徒来说会更有获得感，因为这类技能能使人较快"变现"；（2）简历和面试技巧的分享，能充分挖掘导师自身的经验，发挥导师作为企业志愿者的价值；（3）简历和面试是职业素养的关键一环；（4）制作简历和面试的过程也有助于形成清晰的职业规划，加深自我认知和职业认知。**所以哪怕遇到暂时不需要求职的学徒，我们也建议进行简历和面试经验的分享讨论。**

此环节的目标包括：

- 提高学徒的简历撰写和面试技能；

- 通过简历制作和模拟面试，协助学徒进行更清晰的职业规划。

过程

步骤	内容	推荐时间	推荐工具
开场	1. 问候彼此并回顾上一次主题活动； 2. 如果有必要，导师可以强调一下简历的意义，很多学徒可能没有意识到准备简历和模拟面试的重要性。	5分钟	无
简历指导	1. 检查学徒的作业：第一版简历； 2. 导师提供优化建议，可以分享自己的简历经验。	15分钟	工具九 "简历模板" 工具十 "简历BALI原则"
模拟面试	1. 结合学徒的职业规划，进行模拟面试； 2. 提出面试改进建议，分享自己的面试经验，此处注意提醒学徒如何应对性别歧视。	20分钟	工具十一 "模拟面试方法"
总结	总结建议，提醒学徒有关简历和面试的要点。	5分钟	无

步骤	内容	推荐时间	推荐工具
作业	1. 请学徒制定行动计划，要尽可能详细； 2. 导师填写"学徒的优势"，生成截图。	5分钟	请导师与"青年成长伙伴计划"项目人员联系，获取"学徒的优势"二维码。 导师可通过以下二维码简单了解样例。以下二维码仅供参考，不能用于实际活动。

注意事项

首先，很多学徒因为想要继续深造，或因为学校直接推荐就业，而没有准备简历，那么导师需要动员学徒准备简历和面试。比如导师可以分享简历的意义价值，分享自己写简历的经验。其次，如果学徒是第一次写简历，那么其初版简历很可能非常粗糙，这个时候导师需要有耐心地引导。导师可以先认可学徒准备简历的努力，并且祝贺学徒拥有了自己的第一份简历，然后再提出具体反馈意见。

作业说明

第一，关于行动计划，最好的计划就是能执行的计划，因此我们暂不提供统一的模板和表格。导师可以鼓励学徒自由发挥，但是要尽可能具体，同时向学徒介绍SMART原则（工具十二"SMART标准"）。

第二，关于"学徒优势表格"，导师填写后，会生成一个页面，请导师截图保存。该表单主要是选择题，是希望用简单明了的形式，帮助导师快速概括学徒的优势。我们建议，导师可以在下一个主题分享这张表单生成的截图，详细评价、认可和鼓励学徒。

（六）主题五：未来规划

定位

回顾过往的指导活动的成果和过程，再次强调重点环节；同时对学徒在职业规划上做出的努力表示认可，以及提出具体的行动建议。此次活动的目标是巩固指导成果、总结并给予鼓励和关怀。

此环节的目标包括：

- 巩固以往活动的成果；
- 结束指导并告别。

过程

步骤	内容	推荐时间	推荐工具
开场	相互问候并回顾上一次主题活动。	5分钟	无
回顾总结	1. 导师分享"学徒优势表格"结果截图给学徒，总结一路走来学徒的特点和优势； 2. 请学徒分享自己的体会和成长。	15分钟	无
分享计划	1. 请学徒分享行动计划； 2. 导师可以分享自己的近期计划，如阅读、学习、工作等，作为回应； 3. 相互点评，注意学徒的计划是否可行。	20分钟	工具十二 "SMART标准"
拓展指导	导师可以提醒学徒有关诈骗、劳动权益、歧视等事项。	15分钟	具体参考见 "拓展阅读"

步骤	内容	推荐时间	推荐工具
总结	1.正式告别：相互祝福、表示感谢并结束指导； 2.后续说明：说明指导已经结束，后续如有需要可以跟"青年成长伙伴计划"工作人员联系。	5分钟	无

注意事项

第一，不要制订长期计划。按照项目组以往的职业指导经验，学徒往往很难严格执行一个时长超过三个月的计划。我们建议导师在与学徒沟通行动计划时，以一周或一个月为期限。

第二，不要追求计划的完美性。导师应与学徒强调行动计划不需要跟别人攀比，制订适合自己的计划就好。

第三，导师无须要求自己给学徒一个"盖棺定论"式的结论，认可学徒要具体到行动层面，即你认可他的哪个行动，这个行动展示了什么品质或才华。比如，下面是一位导师在指导最后环节的反馈：首先，我觉得通过这几次沟通，你能越来越顺畅地说出自己的感受和问题，而袒露自己的问题是需要勇气的，你在这方面做得非常好！其次，你的简历和面试表达都挺好，简历言之有物，面试中也很积极开朗，这是因为你过往在学校就比较努力。我的具体建议如下：每天都往深圳这边投递简历试一试，每周整理一下你投递的数量和反馈。至于究竟是做电商还是进入制造业，我觉得不要着急下结论，可以等求职一段时间后再让自己回答这个问题。

04

工具说明

（一）工具一：破冰工具

1. 趣缘破冰

　　导师与学徒可能有较大的年龄和教育背景差距，那么就算双方都愿意沟通，也容易因彼此不熟悉而产生疏离感，甚至感到尴尬。分享兴趣是有效的破冰方式。可以在介绍自己的兴趣后，相互"种草"自己兴趣中的一个具体品类，比如目标青年喜欢"二次元"，那么请他给你介绍一部值得看的动漫；或者目标青年喜欢游戏，就请他给你推荐一款好玩的游戏。同样的，也请你将自己的爱好介绍给对方。

案例

　　一位导师在新冠疫情期间指导了一位西安的学徒。那么导师会询问：现在西安新冠疫情很严重，你们学校正常上课吗？当学徒讲述了最近的各种防疫安排，而且也担心新冠疫情会影响自己找寒假兼职时，导师会共情这种担忧："你们这一届同学太不容易了。"然后讨论一下平时生活，平时忙什么等。

2. 地缘破冰

　　基于家乡的话题是每个人最容易接受和展开的。导师在了解目标青年的家乡后，可以从其家乡的大事件（比如疫情、自然灾害、重大活动）展开详聊，也可以聊其家乡的特产和名胜，如果导师去过目标青年的家乡，也可以聊一下自己当时去了哪里，吃了哪些美食，有怎样的直观感受。

　　如下是一位导师分享的自己的兴趣：我喜欢骑自行车到处游玩。这个爱好是工作之后才开始的，在这之前我其实并不太会骑车。后来去外地工作，工作单位的同事来自世界各地，最开始大家不熟悉，所以休息日无聊就骑着车在城市和周边到处逛。骑车时间长了就会遇到很多喜欢组队骑行的小伙伴，我很幸运被他们收编，感觉自己找到组织，结交了很多朋友。因为加入了骑行车队，我才觉得在这个城市不再孤单，我才真正认识这个城市，而且也因为骑车认识了我的先生，现在相伴十年啦。

3. 游戏"86400块钱的故事"

　　通过这个游戏，导师能较快地理解学徒的价值观和生活状况。时间大约5~10分钟，需要使用的道具是纸和笔，步骤如下：

　　（1）告诉对方，假设现在给你86400块钱，一定要在一天之内花完，你会怎么花？

（2）活动要求：钱不能用于投资，只能马上消费，超过1天钱就会消失；

（3）让对方在1分钟内思考，将答案写下来。

这个游戏的好处是比较欢乐，借此你能快速认识一个陌生人的爱好和消费习惯，以及当下需求。比如他可能说，我会将这笔钱给我妈妈，让她去医院看看慢性病。你就知道学徒的家庭关系和当下的需求。当然，既然是游戏，你也要分享，如果一天内给你这些钱，你会如何花费。

4. 游戏"两真一假"

这个游戏也比较欢乐，而且能够围绕爱好进行较深的挖掘，需要时间约15分钟，无需道具，步骤如下：

（1）每个人分享三个兴趣，其中两个是真的，一个是假的。

（2）然后可以无限制地提问，来推测哪个兴趣是真的。每人可以有5分钟的猜测时间。

（3）猜对猜错关系不大，最后双方都要公布，我哪两个兴趣是真的，哪个是假的。

该游戏比较考验双方的知识广度。比如对方说爱好是"狼人杀"和摄影，那么提问者如果对"狼人杀"和摄影有比较深入的了解，就会更好地提问。如果导师面对自己不了解的兴趣，可以就兴趣的过程展开提问，比如你是从什么时候开始有这个兴趣的，你平时都怎么玩，都和谁玩，你在乎输赢或结果吗？

5. 游戏"我的盾牌"

这个游戏是用结构化的信息展示方式，使双方迅速认识彼此。大约需要10分钟，需要的道具是1张A4纸和彩笔。步骤如下：

（1）导师先参照以下图片板块内容，用文字与绘画制作自己的"盾牌"。

（2）导师用制作好的"盾牌"进行自我介绍。

（3）学徒用3分钟的时间绘制自己的"盾牌"并进行自我介绍。

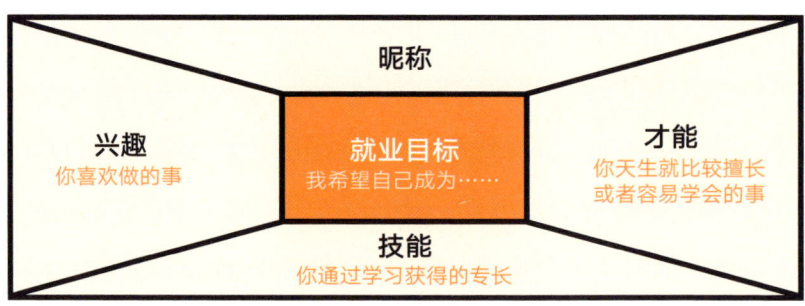

（二）工具二：自我认知之DISC测试

1. 理解DISC测试

在相互认识和交换工作经历环节，我们推荐以"DISC测试"作为工具，分析自己和学徒在过往工作中的绩效和社交经历，以提高自我认知。而自我认知的提高可以增强自信心。

- **任何心理测试，都是权宜之计**

心理学界有两种争论，性格论与情境主义人格理论。性格论认为每个人都有稳定的行为模式，即为性格。性格是每个人以其生理为基础而形成的较为稳定的性格特征，性格会指挥个体，使其对于不同刺激的反应具有跨情景的一致性，即人有稳定的、持久的性格特质。但是情境主义人格理论家则强调环境变量对人行为的作用，行为是心理加工和动力过程，所以"在思想、情感和行为这条变动不居的河流中，有哪些东西保持不变"，你个人站哪一个观点？这两种观点都有人支持，且两种观点谁都没有驳倒对方，所以在职业指导中，可以将两种论调结合，各类测试都可以使用，但都仅是权宜之计。世界上其实没有百分百准确的性格测试，当一个人越自信且情绪状态越好，其测试的结果也就越准确。请导师秉持这种原则，帮助学徒开展测试。

- **DISC测试的概念解读**

"DISC个性测验"是国外企业广泛应用的一种人格测验，用于测查、评估和帮助人们改进其行为方式、人际关系、工作绩效、团队合作、领导风格等。DISC个性测验每组包含四个形容词，这些形容词是根据支配性（D）、影响性（I）、稳定性（S）、服从性（C）和四个测量维度以及一些干扰维度来选择的，要求被测试者从中选择一个最适合自己和最不适合自己的形容词。我们可以用一个坐标来理解DISC测试：**横坐标**表示对人和事情的关注度，**纵坐标**表示速度快慢，并引入老虎、孔雀、考拉、猫头鹰4个典型性格特点的具象代表。

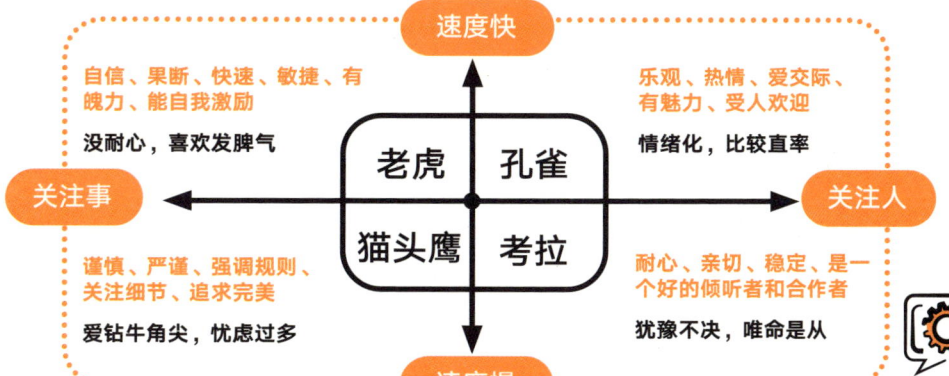

Dominance支配型[8]

（指挥者，即老虎型）坐标理解：关注事且速度快

- **情绪**：易怒
- **恐惧**：被利用
- **目标**：结果、控制，即追求掌控感
- **典型作风**：直接、有压迫感、果断
- **激励**：要让指挥者得到自我的肯定，你无须赞赏他们的个人能力，但要多赞赏他们的影响力和他们做的事情。对于支配型人格来说，认可其成果，比认可其本人更重要。

Influence影响型

（社交者，即孔雀型）坐标理解：关注人且速度快

- **情绪**：乐观
- **恐惧**：受人排斥、失去社会认同
- **目标**：人际交往和受到认同
- **典型作风**：活力充沛、自我推销、容易交往
- **激励**：要多当众赞赏他们，此外给予他们与众不同的评价也会有极好的效果。

8—俞亮. 懂得：影响你一生的DISC识人术[M]. 北京：电子工业出版社，2021-4

Steadiness 稳健型

（支持者，即考拉型）坐标理解：关注人且速度慢

- **情绪**：情绪平稳
- **恐惧**：突然改变、失去保障
- **目标**：保障、稳定
- **典型作风**：有耐心、容易预测、立场超然、善于合作
- **激励**：稳健型的人固然想得到称赞，但私下里表达赏识会让他更有安全感。

Compliance 服从型

（思考者，即猫头鹰型）坐标理解：关注事且速度慢

说明：Compliance常见于规则相关的监督官，此"服从"不是没有主见的意思。

- **情绪**：危机意识较强
- **恐惧**：被批评、缺乏标准
- **目标**：程序、事实
- **典型作风**：精准、尽忠职守、自制
- **说明**：思考者性格中隐含的"控制"与"被动"两股力量使得这个类型的人格要复杂许多，事实上思考者可能是DISC四种类型中最复杂的一种类型。
- **激励**：要表扬鼓励一个思考者，说清楚他因何被表扬，这会让他有满足感。

2. 进行DISC测试

"DISC测试"的网络资源较多,但是有很多是需要收费的,有些资源暂时不收费,但是过段时间可能就开始收费。以下是项目组了解到的免费资源(后续可能会有变化,如有变化请导师跟项目组联系获取资源),导师扫描如下二维码后,复制小程序的文字(#小程序://DISC性格/DISC性格色彩测试/Vg18qiRMilgacFy)到微信搜索栏进行搜索,再点击小程序就可以打开。

需要特别注意的是,尽管项目组提供的"DISC测试"是免费网络资源,不过是初步免费,页面上有引导消费的字样,比如"9.9元购买详细报告"。测试的初步结果足以用来开展指导服务,导师需要提醒学徒,不需要另外购买报告或进行消费。

同时,我们也提供DISC测试的简易版,包括10个题目。导师可以根据情况,选择让学徒进行电子版测试,还是现场回答这10个问题。有的时候,导师找不到合适的电子版链接,那么可以在屏幕上共享10个题目,或者直接朗读题目,请学徒现场完成。需要注意的是,由于简易版测试题目减少了许多,测试的结果可能会跟完整版的结果有所偏差,简易测试的结果仅供导师和学徒参考使用,切忌把结果看作是一种"定论"。请导师在理解这一点的同时,也与学徒进行说明。

具体题目和得分计算如下

1. 在同学(同事)眼中,您是一位:

  A. 积极、热情、有行动力的人

  B. 活泼、开朗、风趣幽默的人

  C. 忠诚、随和、容易相处的人

  D. 谨慎、冷静、注意细节的人

2. 您喜欢看哪一类型的杂志:

  A. 管理、财经、趋势类

  B. 旅游、美食、时尚类

  C. 心灵、散文、家庭类

  D. 科技、事业、艺术类

3. 您做决策的方式：

    A. 希望能立即有效

    B. 感觉重于一切

    C. 需要一定时间考虑并寻求他人意见

    D. 要有详细的资料评估

4. 您在工作中是哪种类型的人：

    A. 以目标为方向，不服输的人

    B. 良好的口才，能主动地与人建立友善关系

    C. 能配合团队，扮演忠诚的人

    D. 掌握流程，注意到细节

5. 当面对压力时，您会：

    A. 用行动力去面对它，并且克服它

    B. 希望找人倾吐，获得认同

    C. 逆来顺受，尽量避免冲突

    D. 重新思考缘由，必要时做精细的解释

6. 与同事(同学)之间的相处：

    A. 以公事为主，很少谈到个人生活

    B. 重视气氛，能够带动团队氛围

    C. 良好的倾听者，对人态度温和友善

    D. 被动，不会主动与人建立关系

7. 您希望别人如何与您沟通：

    A. 直接讲重点，不要拐弯抹角

    B. 轻松，不要太严肃

    C. 不要一次说太多，要给予明确的支持

    D. 凡事说清楚，讲明白

8. 要完成一件事情时，您最在意的部分是：

    A. 效果是否达到

    B. 过程是否快乐

    C. 前后是否有改动

    D. 流程是否正确

 9.什么事情会让您恐惧：

    A. 呈现弱点，被人利用

    B. 失去认同，被人排挤

    C. 过度变动，让人无所适从

    D. 制度不清，标准不一

 10. 以下哪项是您自我认为的缺点：

    A. 没有耐心

    B. 欠缺细心

    C. 没有主见

    D. 欠缺风趣

统计学员所选择答案的数目：A (__) B (__) C (__) D (__)

如果选A的答案最多，代表Dominance(D)支配型性格较为突出。

如果选B的答案最多，代表Influence(I)影响型性格较为突出。

如果选C的答案最多，代表Steadiness(S)稳健型性格较为突出。

如果选D的答案最多，代表Compliance(C)服从型性格较为突出。

3. DISC测试的应用与解析

（1）"DISC测试"准吗？

真实的自我=你眼中的自己+测试的自己+别人眼中的你。所以也许你觉得测试很准，也许觉得不太准，这不是重点，重点是你通过这个测试，是否发现自己比较稳定的行为模式，以及不太稳定的地方。当感觉测试结果与自己不相符的时候，可以回顾过往的事情，描述自己的压力来自哪里。而且本就没有100%准确的测试，所以感觉测试不准是可能的，也是值得进一步探讨的。

探讨性格的原则是相信：**性格有不同之处，但无优劣之分，检查自己是否有矫饰和压抑之处**。首先，4个区间的性格，都有自己的优势也都有自己的盲点。所以性格本身并没有好坏之分。因此这个测试的第一个价值是帮助我们**认识到压力和动力来源**。你是否为了适应环境和别人，而伪装成一种样子。这往往就是你的压力所在。比如我是老虎型性格，那么我的压力经常源于事情进展不理想，同时我也经常被人批判不在乎别人的感受。比如一个孔雀型性格的人，他的压力通常是不被关注，变成了团队里的小透明，而他有时则会被人批评有些轻浮。那么一个典型的猫头鹰型人，会讨厌团队内没有清晰明确的规则和标准，大家都随意行动。

当我们认识到压力和动力来源，我们就会接纳自己，从而缓解压力，变得更自信。而一个人，如果不能接受自己的压力，否定自己承受的压力，就会在不同的性格之中游走，变得很不稳定。比如由于当前社会总是倾向于奖赏孔雀即社交型人格，会有青年矫饰自己是社交型。

（2）"DISC测试"颗粒度太大，与人际关系、行为绩效有关，但是不能直接指向职业选择。

不要将性格测试与岗位直接对接起来。比如说，因为我更关注人所以我能当客服，因为我更关注事所以我能搞建筑，一定不要这样直接下结论。这样直接下结论是将性格测试等同于算命，根据测试直接划定职业是非常偷懒的行为。一方面我们前面说了，任何测试都是权宜之计，人可能会变化会发展；另一方面"DISC测试"的颗粒度太大了，而职业分工则更为细密。就拿销售来说，针对个体消费者的销售与针对企业的销售，就需要截然不同的方式。因此，不要将"DISC测试"直接用于职业选择。

（3）使用"DISC测试"推动个人成长。

我们认为"DISC测试"有如下用处：

用处之一，分析学徒性格不稳定和压力来源，从而提高自信。比如老虎型人格特别怕失去控制，害怕自己不能做主，而孔雀型人格最担心自己成为小透明，不被关注。

用处之二，我们可以用"DISC测试"激励自己，认可自己的追求，做到自我支持。比如我是老虎型人格，我在乎事情的进度和自己是否有掌控能力，而我为了掌控进度也付出了很多努力，所以我更适合领导团队。

用处之三，性格是可以培养或发掘的。我们现在认识的自己并不是自己的全部，年轻人需要用丰富的经历来培养性格！导师可以推荐学徒主动丰富自身经历。一是经营好自己的社交平台：不管是游戏账号还是朋友圈，都要用心发布，真诚地表达自己当下的感受；二是主动交朋友并主动参与竞争，竞争与合作是人类社会的基本关系，投入关系后你的性格就越来越清晰稳定了。

（三）工具三：乔哈里视窗

自我认知是成长的根基和关键，而自我认知的工具也比较多。其中，"乔哈里视窗"是比较有名的自我认知工具。在彼此认识之后，导师与学徒分享自己的经历，即第二个环节。如果在这一环节展开详细的讨论，就会发现我们在不同的经历

中有不同的情绪。比如我当时特别讨厌那个人,那么可以追问,我为什么特别讨厌那个人呢?这样的追问能够帮助我们发现之前没意识到的问题和感受。而在这类追问中,导师可以给学徒推荐"乔哈里视窗"工具——将一张白纸分成四个区域,分别展示开放的自我、隐藏的自我、未知的自我和盲目的自我。注意:"乔哈里视窗"工具理论上能够帮助一个人深刻地认识自我,但是难度较大。一个人往往没办法客观地看待自己。过去也有导师评价,使用这个工具无法深入,学徒会敷衍了事。所以这个工具只是选做,导师可以酌情使用。

"乔哈里视窗"是一个关于沟通的技巧和理论,被称为自我意识的发现—反馈模型。它将人际沟通的信息比作一个窗子,将其分为4个区域:开放区、隐秘区、盲目区、未知区。四个区域如下表所示:

盲目自我(旁观者清,当局者迷)
自己不知道而他人知道的区域,比如口头禅、小动作或特定的做事方法,而这是自己平常不自觉的,除非别人告诉你。 盲目自我只是自己「不知道」的讯息而已,不见得是负面的。比如有人一见到陌生人就会下意识地微笑,这其实就是非常正面的一种行为。
未知自我(当局者迷,旁观者亦迷)
自己不知道,他人也不知道的区域,例如个人未曾察觉的潜能,或压抑下来的记忆、经验或者渴望等。这些积压在内心深处的讯息,可以通过心理治疗、催眠等方法挖掘探索,使其转变为「自己知道」的部分。
开放自我(当局者清,旁观者亦清)
自己和他人都知道的区域,像是态度、感情、经验等讯息。开放自我的大小,会随着互动对象而有所差异,例如刚换工作面对新同事时,开放自我会变小;反之,下班和老友聚餐时,开放自我又会变大。
隐藏自我(当局者清,旁观者迷)
自己知道,他人不知道的区域,包含个人有意隐藏的秘密或想法。一般人都属于选择性揭露者(selective discloser),会透露一些讯息,也会隐藏一部分,有时也会因为不同的互动对象,而调整隐藏自我的大小。

我们还可以用下面的坐标展示乔哈里之窗的四个自我。

	自己知道	自己不知道
别人知道	开放区	盲目区
别人不知道	隐秘区	未知区

在开展人际关系的初期，人们的开放自我比较小。好比你刚换工作时，面对不熟的同事，言行上都会有所保留，同事对你的了解也不深。但是随着情谊的进展和积累，开放自我会扩大，其他3个区域会逐渐缩小。一般而言，这4个区域是相互影响的，任何一区变大，其他区域就会缩小，反之亦然。而各区域大小的变化，又会受到以下两个历程的影响：

> （1）**自我揭露(Self-disclosure)**：扩大"开放自我"、缩小"隐藏自我"，你可以经由自我揭露，诚实地与他人分享感受，或是将别人原本不知道的、关于自己的事，告诉他人。一旦自我揭露后，"隐藏自我"会变小，"开放自我"则会扩大。你也可以主动对他人表示兴趣，引导对方自我揭露、打开心房，扩大对方的"开放自我"。例如，业务部门最近来了一位新人，你可以主动跟对方搭话，了解他的背景、兴趣，与他分享经验，协助对方快速融入组织。

> （2）**他人回馈(Feedback solicitation)**：扩大"开放自我"、缩小"盲目自我"，经由别人的回馈，我们可以知道一些自己原本不知道、有关自己的事，盲目区将会变小，开放区域则会扩大。我们也可以积极询问他人，缩小"盲目自我"的区域。

心理学家乔瑟夫·鲁夫特（Joseph Luft）和哈里·英格拉姆（Harry Ingram）认为，透过自我揭露与他人回馈，个人的"开放自我"会逐渐扩张，人际沟通也更加容易。因为当"开放自我"变大，人与人的互动便能建立在彼此理解的基础上，减少猜忌或误解，使得合作更有效率，工作成效更高。乔哈里视窗主要是为了使学徒提高自我认知，那么在分析不同窗格时，导师可以提醒学徒关键在于勇敢地面对自己，不要矫饰、也不要急于辩解，而开发的自我区域越大，这个人就会越自信。

（四）工具四：分享过往工作经历

分享工作经历，能够有效地提高学徒的职业认知，而彼此交换经历并相互提问，也有助于自我认知。我们推荐导师在分享经历和询问学徒经历时，重点考虑两个维度的内容：一是职场信息，一份工作的关键因素是工作的对象、工作的工具、工作环境以及工作收入；这一部分介绍将提高学徒的职业认知。二是个人感受，包括你的从业感受，你个人对这份工作的评价，以及基于这份经历的打算，这一部分介绍，将有益于学徒提升自我认知。下面是一份完整的案例，是一位导师向学徒分享了自己从会计转行成为运维工程师的经历。（说明：本文提到的岗位待遇和时长，仅为案例情况。不同城市、不同工作的就业市场和公司的情况不同。）

Wendy：我从会计转行成为运维工程师

1. 我是怎么进入这个工作领域的？

我的第一专业是会计，我毕业后进入了一家公司，正好公司要进行财务系统升级，从过去的依靠手工记账，变成利用财务软件记账。公司领导看我是大学生，年经又小，就让我先学，学会了给别人培训。我发现相比记账核算，我更喜欢研究软件，从前端应用界面到后端的布局。而且当时软件工作工资高，我觉得比财务工作有意思、有前途。

于是，我就报名了培训班，自己也买了基础的软件知识相关书籍进行学习，后来有一家财务软件公司招聘有财务经验的售后工程师，我的技能和兴趣和这个岗位都很契合。我有财务经验，也有培训经验而且沟通表达能力不错，因此我成功应聘上了。直到现在，我做运维10年了，曾就职于一家国企和一家外企。

2. 入职后，我很喜欢这份工作，挑战和成长并存。

其实对于运维或售后来说，技术和情商同样重要。这也是我比较喜欢的，不是纯技术也不是纯管理，而是交叉运用技术和管理技能。

比如工作中,很多时候客户会不信任甚至质疑运维。所以运维需要花很多时间去讲解,甚至教导客户和你一样理解产品。举个例子,之前我们有一位客户,提出关于性能方面的问题。我们的工程师提出了解决方案,然后通过监控发现性能已经提升了。那么这个时候,工程师会觉得:问题已经解决了,客户自己再监控一段时间就好。因此从运维部门的角度看,问题已经解决了。但是这个时候客户会认为:问题还没解决呀。性能问题不是改变参数就能简单解决的,需要系统地去消化。那么这个时候客户就会觉得:我必须见到这个问题完全消失才算是服务结束。这个时候客户和运维就不在同一个频道里。

那么有的运维就会觉得:"我已经把解决方案反馈给你了,你自己监控就行,我还要忙其他的。"

这种情况下,就需要运维人员理解客户的不满情绪,看到你们对问题解决节点的理解不同。那么我是这样做的:我继续和客户保持沟通,然后从系统监视中,每天给客户提交报告,告诉客户我如何检测数据和提高性能。那么这样一周后,客户就会知道:"哦,原来是这样,我也相信你了。"这才算是需求得到满足,客户也真正对服务感到满意。

3. 运维(售后)的收入和加班问题。

我在一家外企工作,英语好很管用,运维的工资和测试工程师差不多。我们公司(上海的一家外企)的应届生,入职第一年工资大概在12万~15万元之间。而我知道一些民营企业招聘大专学历的运维,在上海和广州应该也有每月6000元以上的薪资。这个工资在IT行业,不如开发,不过整体还好,我觉得对比同级别的财务,工资待遇还是要好一点。

很多人担心运维岗位的工作时间是"24×7",但是其实各个公司情况不同。所以大家应聘运维工程师,一定要仔细查看对方的要求。有的客户服务中心是24小时提供服务,但是几个团队轮着转,那么就还是8小时工作制。其实运维分为远程和驻场两种。驻场工程师会有比较多的外勤出差工作。这类工程师往往需要随时待命,以及要维护客户关系。所以就算是驻场工程师,其实也不是自己单兵作战,遇到问题时背后有整个团队的支持。

4. 如果学徒或者学徒身边有朋友想要从事这类职业,我的建议:

首先,专业和学历没那么重要。当然大公司的运维往往需要有本科学历。就专业而言,学历史的、财务的、文学的、营销的都有,当然也有学计算机的。其次,在运维工程师的招聘中,招聘者往往更关注解题思路。也许面试官问了一个问题,你是不懂的,但是你不能说"我不会"就算了,你要表现出"我现在不会,但是接下来我会如何操作"。所以建议学徒面试前准备几个案例,比如你在过往的项目或比赛中,遇到同学不配合或者难题挑战时,你是如何应对的。那么这些小故事,就能体现出面试官要的解题思路和你为人处世的方式。

以上就是我关于自己工作的分享,我还挺喜欢自己的工作,很幸运自己能够从财会专业转行到IT领域。你对我还有哪些好奇或者疑惑吗?

（五）工具五：自我能力复盘表

理解和填写自我能力复盘表，需要先理解两个概念：专业技能和职业软技能。

（1）专业技能（technical skil），是垂直于某个领域的专业知识和工具，比如摄影、汽修、厨艺都是专业技能。

（2）可迁移技能（transferable skill），也称为"职业软技能（职业素养）"，是可以在不同岗位之间水平迁移的。在救助儿童会的技能框架中，这主要包括"沟通技能""问题解决能力""积极的自我态度""自我管理""人际交往"5个方面。

全面扫描学徒的专业技能+可迁移技能，可参考下方表格。请学徒对应这些能力，描述一下自己的能力、水平、状态。导师可以在"主题二"结束的时候，将其作为作业布置给学徒，并在主题三——探讨职业规划这一环节，请学徒展示作业。

学历

（注意既要描述过往的，也要描述正在进行的。）

专业技能

（是否有专业相关的证书，专业上有什么比赛经历吗？）

沟通能力

（能够准确接收和理解他人的想法和意图，并根据具体的情境，选择适当的沟通方式，将自己的思想、观点及掌握的信息完整准确地传递给沟通对象，包括听、说、读、写等基本能力。）

- 口头表达能力，导师可以询问其是否有过会议发言、公开演讲的经历；
- 书面表达能力，导师可以询问其是否有过文案写作、新闻写作、报告撰写、媒体写作的经历；
- 理解口头和非口头信息的能力，导师可以询问其是否与老师、领导、同事有过深入的交流；
- 积极倾听并提供必要的回应，导师可以询问其是否与老师、领导、同事有过深入的交流；
- 阅读和解释信息，导师可以询问其是否坚持阅读，能否概括或说明最近阅读的书籍的内容。

问题解决能力

（在遇到问题时，能够保持头脑冷静，准确识别问题产生的原因及其性质，制定并有效实施解决方案，确保问题得到妥善处理。）下面将解决问题能力分解为四个方面，最好是通过案例展开描述和评估，比如在学校参加比赛、担任学生干部、独立完成某个项目，可以引导学徒用这些经历回答。

- 理解问题的本质；

- 看到问题的原因、后果及更广泛的影响；
- 识别和分析问题，并作出合理评估（不高估或低估）；
- 使用推理，有效、系统地处理问题。

自我管理能力

（依靠主观能动性，按照社会目标，有意识、有目的地对自己的思想、行为进行转化控制，清楚自身的优缺点，能够独立完成工作。）可以询问学徒，过往是否制定过计划，以及之前的计划是否实现。

- 对自己的愿景和目标有一定理解并充满信心；
- 建立自我发展通道并予以实施；
- 能够独立完成工作；
- 确定并实施活动的优先事项与改进方法；
- 清楚自己的优势与不足；
- 评估和监控自己的绩效表现。

人际交往能力

（能够准确理解他人的想法、动机、行为和感受，合理运用人际关系处理技巧，促进相互理解与信任，建立良好的人际关系网络，形成和谐的工作氛围。）导师可以从学生干部经历、宿舍关系、家庭关系、同事关系几个方面入手，询问学徒具体案例。

- 感知他人的内心活动和心理状态；
- 理解他人的思想、感情与行为；
- 设身处地为他人着想；
- 具备商务礼仪、风度和表现力。

积极的自我态度

（个体按照自己规定或设置的目标展开行动，不依赖外力推动，而是由个人的需要、动机、理想、抱负和价值观等推动。）导师可以请学徒直接进行自我评价，也可以请学徒回忆过往的成就来进行评估。

- 积极表达自己的想法和观点；
- 主动承担工作任务；
- 制定计划并朝着目标努力；
- 不断追求新的目标。

注意，能力复盘表表达的是现状，是存量，每一项都是可以增加的。比如通过成人教育提升学历，比如报名职业技能班的活动了解职场，或者每天坚持看书提高书面表达能力，或者坚持口语练习提高沟通能力。学徒既需要客观地看待自己，也要相信自己在每个维度上都是可以得到成长的。

（六）工具六：霍兰德测试

"霍兰德测试"是目前社会上应用最广的职业规划工具，所以在探索职业规划时，我们也建议导师和学徒使用"霍兰德测试"工具。导师可以在"主题二"结束后，询问学徒当前的职业规划，这个时候学徒也许会回答得很清晰，也许会说不清楚。然后导师可以介绍这个测试，并推荐"霍兰德测试"的二维码，请学徒放轻松，进行这个测试，并保存好测试结果。在第三次主题活动时，建议导师与学徒共同分析"霍兰德测试"的结果：首先看整体分数布局，并确认哪个字母维度得分最高，以及得分最高的三个字母是什么；然后询问学徒对结果有什么评价；最后导师分析这个结果指向的工作领域，询问学徒这个结果对他是否有启发。如何具体分析"霍兰德测试"，下面我们会详细介绍。

1."霍兰德测试"的定义

"霍兰德职业兴趣测试"由美国著名职业指导专家约翰·霍兰德（John Holland）编制，主要用于确定被测试者的职业兴趣倾向，进而用于指导被测试者选择适合自身职业兴趣的专业发展方向和职业发展方向。霍兰德提出的6种基本职业类型为：实际型R、研究型I、艺术型A、社会型S、企业型E、常规型C。"霍兰德测试"更靠近人的兴趣和价值层面，所以与DISC测试相比，对职业规划更有指导意义。但是其也**仅仅是一种参考**，而且同样是权宜之计。

"霍兰德测试"测试的是内在兴趣。市面上测试千千万万，要进行一项测试，就要清楚其测试的对象。有的测试领导力，有的测试人际关系，有的测试焦虑情况。"霍兰德测试"测试的是**内在兴趣**，内在兴趣和个人兴趣不是一个概念。个人兴趣的例子包括我喜欢唱歌，我喜欢手工；而这里的内在兴趣是一个人长期保持对某事某物的关注与投入，不随时间推移而改变，它与积极的情绪反应、价值意义感以及知识存储有关。

内在兴趣是价值观层面的，但并非天生存在，而要经历"兴趣触发、兴趣维持、初始形成、兴趣成熟"四个发展过程。不过遗憾的是，很多人一直在触发和维持阶段徘徊，很难形成成熟的内在兴趣。所以在此强调，"霍兰德测试"只是权宜之计，因为测试出来的只是你相对的内在兴趣，这份内在兴趣有多坚定、多稳定，还有待时间检验。下图是内在兴趣形成的4个过程，以及对应的例子。

内在兴趣的四个阶段	举例说明
触发的情景兴趣	发现别人当班长好帅，我也想当。
维持的情景兴趣	我也开始试着当班长，感觉很好。
初始的个人兴趣	在当班长的时候，积累了领导力、组织协调能力，感到自己有所成长。
成熟的个人兴趣	开始有意识地培养自身领导力，不断总结提高。

2. 认识"霍兰德测试"六大维度

同"DISC测试"一样，我们同样将这个性格测试放在一个坐标模型中。横轴是一个人对规则的遵守服从程度，从左侧开始是遵守规则，向右服从度逐渐降低，开始挑战规则。纵轴是一个人的关注度，原点下面是关注主观世界，而伴随着对主观世界的关注度降低，原点之上开始对客观世界高度关注。那么在这个坐标轴上，我们便可以理解六大维度。

S，**社会型**，关注主观世界且规则服从度较差（一般）。所以S并不代表你社交能力强，而是代表你关心社会和乐于社交，不喜欢远离人群的工作；享受围绕社会问题和社会人群工作。代表人物：慈善家李连杰。

E，**企业型**，关注主观世界且规则服从度较好。E表示主观世界感兴趣，但是与S不同的是，S希望与人互动，而E希望对别人产生影响。所以E型学徒对交易这件事本身感兴趣，也会看起来有些功利心。比如我指导过想要从事金融行业的学徒，而金融行业的最大特点是交易，如果你对交易这件事本身有热情、有追求，那么就很适合金融领域。代表人物：王熙凤。

C，**常规型**，关注度处于中间位置且对框架和权威高度服从，享受在规则内做正确的事情。因此如果让C进入一家"放羊式"管理的公司，他就会很难适应。代表人物：沙和尚。

R，**实际型**，关注客观世界且服从规则。最大的特点是擅长实操和技术，享受硬核技术带来的安全感。比如我指导过一位从国际贸易转行成为大数据工程师的同学，她

觉得国际贸易没有切实之感,喜欢有硬核感的客观的技术。代表人物:鲁班,"庖丁解牛"故事中的庖丁。

I,研究型,关注客观世界但是规则感不是那么强。最大特点是抽象思维能力强,喜欢分析归纳。这类学徒在面对任何事物时都善于提问,比较适合研发、咨询、科研类岗位。代表人物:霍金。

A,艺术型,关注维度居中但是并不遵守规则,渴望个性表达。其实艺术型并不特指艺术审美能力,一个人可以不擅长绘画唱歌,但是却有创造力——享受从零打造一个有自己烙印的东西。比如同样是运营实习生,有的实习生就会在配图和排版上,特别强调风格这件事,这就是渴望发挥空间的创造力。代表人物:王菲、杨丽萍。

现在,我们将"霍兰德测试"的六大维度与常见的专业、岗位进行初步的对应。

维度	领域内的专业	对应可能的工作
A艺术型	对应需要创意的专业:如设计类专业(美容美发、烹饪、服装设计、建筑设计、人物设计、平面设计、首饰设计、眼镜设计、景观设计等);媒体类专业(摄影、视频剪辑、动画设计、播音主持等)。	设计与制作类工作:如平面设计、UI设计、动画设计、媒体运营、视频剪辑、烹饪、化妆。
S社会型	对应强调与人沟通的专业:如教育工作、社会工作;营销类专业、人力资源、文秘类专业等。	支持类工作:如客服、用户运营、人力资源、文秘、社工、幼教、助教等。
E企业型	对应需要有经营感的专业:如金融、市场营销、贸易、人力资源、行政管理、财务类专业等。	经营类工作:如销售、贸易、市场等。
C常规型	对应强调规则的专业:如财务、文秘、法律、安全管控、地勤运营、轨道交通、海运、档案管理等。	规则执行类工作:如文秘、行政、法务、财务、测试、地勤、乘务员、档案管理、数据标注等。
R实际型	对应需要进行实操的专业:如兽医、护理、园林、电子工程、数控机床、无人机、餐饮、珠宝首饰、机械操作、给排水、食品工程、土木工程等。	实际操作类工作:如宠物美容、兽医、护理、园林技师、插画、电子工程师、数控操作、无人机操作、餐饮制作、珠宝首饰制作等。
I研究型	对应需要分析问题的专业:如计算机、数学、物理、文学、经济学、市场营销、电子商务、数据分析等。	问题分析类工作:如数据分析、策划、软件工程师、市场营销等。

说明：你一定发现了，很多专业和岗位在不同的维度下重复出现。这是因为：（1）六大维度中的相邻维度本就有重合的内在兴趣点，比如R和I、S和E。（2）现代企业的岗位分类越来越细致，同样的职务名称，在不同公司会有不同的职能任务。比如用户运营，有的公司重在沟通和服务，有的公司重在订单促成。因此以上表格是个大方向的参考，需要学徒结合自己的情况在求职中具体探索。

3."霍兰德测试"编码的应用

测试结果中最高得分的3个字母就组成了一个人的"霍兰德编码"，可以在网上找到霍兰德编码的对应职业表。但是职业具有时效性，表格中很多职业是过时的，同时也有很多职业翻译得比较僵化。所以网上的"霍兰德职业测试"编码对照表仅可以作为参考。我们推荐大家根据对上述坐标的理解，以及六大维度对应专业和岗位，直接去解读学徒的编码。**在解读"霍兰德编码"时，第一个字母最重要，第二和第三个字母为辅助字母。**

现在以ASE为例进行解读。如果一个人的霍兰德编码是ASE，表示这个人具有创意，需要发挥空间，在意社会话题与人际关系，并且也有一定的功利心。这个编码对应的职业有：

（1）媒体类：媒体行业首先是比较契合A的，即给从业者空间，其次是关注社会话题，而且媒体从业者在工作中，往往要进行多部门的联络沟通。常见的岗位有：内容运营、媒体编辑、媒体策划、媒体传播、直播、短视频运营等岗位。

（2）公关广告类：公关广告和媒体是近亲关系，在具有媒体领域特征的同时，更强调客户服务和效率，即符合S和E的字母内涵。

（3）产品经理类：产品经理岗位需要设计、协调和组织，也非常符合ASE三个字母的内涵。

（4）电商运营类：电商运营需要考虑美感、也需要多部门沟通，包括客户沟通，同时有明确的经济效益要求。

（5）实体店的运营管理：比如从事小吃、饰品制作和销售，直接面向客户，也在ASE范围内。同时美发师、美容师，其实也是符合ASE编码的岗位。

初步解析"霍兰德编码"后，还要对学徒进一步说明：一是"霍兰德测试"的结果固然重要，但是分值分布更重要。分值分布能看出某个兴趣的突出程度，不同兴趣的分化程度不同，比如有的同学各项比较平均，而有的同学有的分值很高，有的非常低。二是也许会出现对立组，比如AC这种情况，但是也不能就认定这个测试没有任何参考价值，遇到此类情况，导师可以请学徒列举更多例子，并建议学徒：不要下结论，保持探索。

同时说明：其实这六大维度是人性的基本需求。所以你不太可能在某个维度上得分是0。比如一个人虽然在S上的得分是低于常规的，但是他依然能够通过帮助别

人获得感谢,并感到快乐。所以不要因为自己某个字母得分低,就认为自己一定不能从事相关工作。

最后,"霍兰德测试"不仅仅能指导职业规划,还可以成为学徒求职的素材,最接近的类型可以写进简历和面试素材中;比如最接近C类型的青年,求职财务岗位时可以这样自我评价:我有较强的原则性和财务意识,能够按照公司规定和相关要求,整理好公司的财务资料。最接近E类型的同学,求职销售类岗位时可以这样评价自己:有较好的商业意识,愿意挑战目标,能够承受住压力。

最后分享一个应用"霍兰德测试"进行职业指导的案例。

案例

小红,平面设计专业。她的自述:"我在学校里,一直觉得一定要有一技之长,技术是安全的、高端的。所以我毕业后进入一家图片社(商务照连锁店)做图片编辑工作,因为技术好且工作习惯好,一直都能很好地完成任务,领导也比较赏识我。但是,领导让我担任小组长的时候,我都会拒绝。我觉得让我管一个小组,最多增加300元的工资,但是要管理很多细节和琐事,这不是我擅长的。我也一直觉得,我自己是个技术人才。"

导师带着学徒做了"霍兰德测试",结果是EIR。这个测试结果表明,其实小红有很清晰的思路,而且目标感很强,有经营的潜力。在分析测试后,小红说:"我确实总是会发现部门经理的管理漏洞,会发现部门分工不合理的地方,还会总结身边不同人的特点。但我一直都只是想想,没想过自己能做什么。"("霍兰德测试"中E代表目标感和为了目标愿意经营,而I表示擅长思考、推演、对比分析和归纳,但是并不热衷于执行。)通过导师提问和分享的故事,导师建议她:试一试小组管理这个岗位。因为小红既懂技术,又有思考能力,不如试着挖掘自身的潜力,看看这股潜能到底有多大。

最后,小红接受了导师的建议,主动去找领导,表示自己可以试一试担任P图组的小组长,管理4位P图人员。小红的行动计划是学习职场软技能和职场管理的技巧,通过实践学习,争取在一年内成为合格的P图组主管,未来再考虑学习摄影,逐渐接触图片社的产品管理工作。

(七)工具七:岗位的前中后分类

世上的岗位有很多名称和分类方式,不同的公司又有不同的组织架构。那么我们如何引导学徒形成职业规划呢?导师首先需要掌握岗位的内在逻辑。在此,我们推荐使用岗位分类法,认识岗位内在逻辑。此处,前中后端的岗位分类是项目技术团队结合各类管理案例,整理汇总所得。

特别说明：此分类**只适用于商业领域**，不适用于体制内的岗位。这个工具是为了让导师对岗位有更好的把握，能够将霍兰德测试、学徒的存量能力与市场初步对应。

岗位分类		岗位举例	岗位要求	工资待遇
前端岗位	服务于客户，工作目标显性，有绩效要求	销售、市场、研发	**可迁移技能**，如开拓能力、抗压能力、不惧怕KPI考核	较好
中端岗位	服务于前端，用专业技能为前端提供支持	技术支持、培训、质检、分店管理	对专业技能有要求，兼顾可迁移技能，如沟通能力	一般
后端岗位	服务于公司，确保公司规范、正常运行	财务、人力资源、行政	规范、稳定、能适应一定的重复性	增长较慢

前端岗位

包括销售、市场、研发，关系到公司的核心业务，所以说前端岗位的工作人员，会清楚地知道，自己是服务于客户的。其最主要的关注点是目标，因为目标是显性的，所以从业人员需要承担业绩指标，也存在淘汰机制。很多学徒认为自己不会说话、脸皮薄，所以不能做销售，其实不然。如果我们从前端岗位的本质出发，也就是目标显性，那么就会发现前端岗位对人的性格最主要的要求是目标性。目标感特别强的人，"霍兰德测试"E分值最高的人，可以考虑前端岗位。

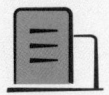
中端岗位

刚才我们说前端岗位服务于客户，那么中端岗位是服务于谁呢？中端岗位是服务于前端岗位的。中端岗位包括：培训、质检、技术支持、运营、客服，售前售后等。往往大公司才会设立中端岗位，小公司的中端岗位职责直接由前端和后端的人分摊了。如果说前端岗位的销售、市场类岗位往往不限专业，那么其实很多中端岗位反倒是会要求专业度的。比如一个公司的质检、安全管理、培训以及售前售后人员，往往必须是某个专业出身，同时具有一定的技术能力。所以这个岗位的职业模型，会是一种专业技能与可迁移技能的组合。

后端岗位

前端岗位服务于客户，中端岗位服务于前端岗位，那么后端岗位服务于谁呢？他们是服务于公司的。最典型的岗位就是行政、财务、人力，其特点是规则感强和稳定性强，而且工作具有一定的重复性。工作经验丰富的朋友，通常能够感觉到，一家公司的销售和财务，气质和风格完全不同。有的时候销售还经常和财务发生矛盾，比如对财务规定报销等具体事务有分歧，其实这也是因为岗位本身的工作性质不同而造成的。后端岗位通常需要上传下达，参与讨论，所以岗位要求也是专业技能+可迁移技能的一种组合要求。在性格和气质上，后端岗位要求员工更加严谨稳重。结合"霍兰德测试"，字母C更多地与后端岗位对应。

关于前中后端岗位分类方法的使用，一方面导师自己可以使用这种方法认识岗位基本逻辑，从而给学徒具体的建议，比如在学徒完成能力复盘和"霍兰德测试"后，判断他更适合前端岗位还是后端岗位；一方面导师也可以讲解岗位的这三种分类，请学徒自己说明更喜欢哪类岗位。

（八）工具八：兴趣金字塔

用"兴趣金字塔"评估自己的兴趣对职业的帮助。请在一张白纸上画出自己的兴趣金字塔。兴趣金字塔分为感官兴趣、自觉兴趣与志趣三层[9]。

1. 感官兴趣： 为了当下快感和享受的各种爱好。感官兴趣并不持久，也容易被新的点取代。每个人都会有很多感官兴趣。这一层要写得尽量全面。

2. 自觉兴趣： 在第一层感官兴趣中，能够稳定发展且符合两个标准的兴趣即可以称之为自觉兴趣，标准一是你投入学习过，标准二是你产出过。比如你喜欢看小说，那么是否自己写过书评或者自己写过小说；如果你喜欢英语，那么是否努力学习英语或向他人分享过英语学习方法。

3. 志趣： 在第二层自觉兴趣中，个人通过坚定的内在追求和持续的投入，从而达到专业水平，这种兴趣就是志趣。志趣通常在你的职业生涯中可以变现，促进你的职业成长。

通常，很多人的兴趣爱好发展不到志趣层面，更多的是在感官兴趣层面。那么导师可以利用兴趣金字塔，首先和学徒讨论，分析其兴趣是感官层面还是自觉层面。同时，导师要鼓励学徒，尽量地展现自己的兴趣，让兴趣有产出且被人关注，这样就可以巩固自己的自觉兴趣。导师可以告诉学徒：一是不管你找什么职业，自觉兴趣都证明你的学习能力，二是自觉兴趣和志趣，都可以作为求职方向之一进行尝试。但是如果一位青年的兴趣仅仅停留在感官兴趣层面，那么对求职的帮助不大。

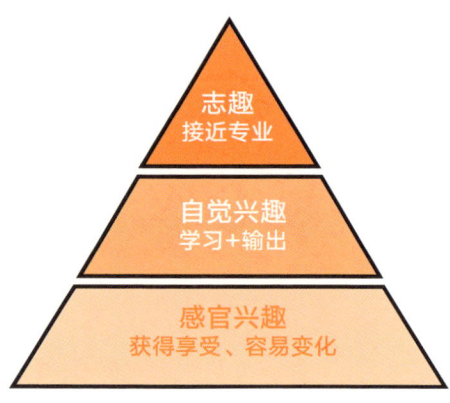

9—古典.你的生命有什么可能[M].上海：上海文艺出版社，2014

一个围绕兴趣分析，进行职业规划探索的案例

小云，3+2计算机专业。他的自述："其实我不喜欢这个专业，是我爸爸帮我报名的，因为家里亲戚是干这个的，父母希望我将来毕业直接去亲戚家上班。我学习还行，但是不喜欢这个专业，将来也不打算做这个。兴趣方面，我非常喜欢甜点和厨艺。过去三年，我每年都会去餐饮店做服务员。自己试过制作牛轧糖和饼干，大获成功。业余时间我会发布制作过程，在网上有300多个粉丝。""我现在有些烦闷，觉得迷茫且孤独。同学都报名明年4月份的专升本考试了，我也想报名，但是也没啥方向。"

导师指导过程：

（1）用兴趣金字塔分析学徒的爱好：客观地说，这位学徒在甜品制作上，积累得还比较少，属于业余的水平，在感官兴趣层面比较出色，但是还不完全属于自觉兴趣。

（2）能力复盘：计算机专业课成绩一般，但是有较为丰富的学生干部经历，在学生会任职，曾经管理6~7个团队，组织过学院级别的活动。在可迁移技能方面，文案水平和表达能力都不错。

（3）为学员补充市场知识：依经验看，单体甜品店和咖啡店，有很多是亏损的。

（4）综合下来，当下的行动建议：分析专升本可以报考的学校后，推荐报考文秘、电商、市场类经济专业的本科院校。理由是：文秘专业培养综合能力，比如商务文案、会务服务、市场营销、公司法。那么学习文秘专业后，可以应聘全国连锁餐饮企业的运营类岗位，这样就能知道一个真实的店铺如何赚钱了。

（九）工具九：简历模板

网络上有很多简历模板的资源，学徒也可以直接免费获取一些精美的简历模板。此处提供简历模板，主要是为了给导师和学徒一个参考，同时也提醒学徒，不要刻意地追求简历模板的精美，关键还是内容。而且有些精美的模板，内容容量小，不便于制作、保存和转发。比如有的模板，在转发中会出现乱码、空白等问题；而有些精美的模板则内嵌了很多图形，文件较大。当然，对于学平面设计、美术专业的学徒来说，简历模板本身是其专业性的展示，可以自己制作精美的模板。

我们推荐两种比较常见的简历模板。一种是一栏式，即每一行都是从左到右写到头，不同模块之间用横线区隔。这种一栏式简历，最为稳妥常见且容量大（能容纳1000字左右），制作方便。第二种是左右两栏式，分栏往往在左侧三分之一处，这类简历模板有设计感，比较美观，但是制作比较麻烦，而且容量小。

XXX（姓名）

电话：1XXXXXXXX

邮箱：XXX@***.com

正式照片

（白底或蓝底）

教育背景

20XX.9—20XX.6　　　　　XX学校
……

实践或工作经历

20XX年X月—20XX年X月　　XXX（企业）　　XX（岗位）
- 负责XXXXXXXXXXXXXX
- 完成XXXXXXXXXXXXXX
- 获得XXXXXXXXXXXXXX

20XX年X月—20XX年X月　　XXX（企业）　　XX（岗位）
- 负责XXXXXXXXXXXXXX
- 完成XXXXXXXXXXXXXX
- 获得XXXXXXXXXXXXXX

校内活动

20XX.X—20XX.X　　　　　担任XXXXXX
- 负责XXXXXXXXXXXX
- 完成XXXXXXXXXXXX
- 获得XXXXXXXXXXXX

技能与证书

- 电脑技能，比如熟练操作办公软件
- 语言技能

兴趣爱好

XXXX
XXXX

青年成长伙伴计划
线上职业指导导师操作手册

工具说明 04

XXX（姓名）　　　　　求职目标:XXX

正式照片
（白底或蓝底）

手机：
邮箱：
政治面貌：
籍贯：

技能与证书：
英语XXX
计算机XXX
PSXXX
获得XXX证书

自我评价：
XXXXXXXX
XXXXXXXX
XXXXX

兴趣爱好：
球类XXX
跳舞XXX

教育背景

20XX年9月—20XX年7月　　大学　　专业（5%）

主修课程：酌情填写

选修课程：酌情填写

实习经历

20XX年X月—20XX年X月　　XXX（企业）　　XX（岗位）
- XXXXXXXXXXXXXXXXX
- XXXXXXXXXXXXXXXXX
- XXXXXXXXXXXXX

20XX年X月—20XX年X月　　XXX（企业）　　XX（岗位）
- XXXXXXXXXXXXXXXXX
- XXXXXXXXXXXXXXXXX
- XXXXXXXXXXXXX

校园经历

20XX年X月—20XX年X月　　XXX（组织）　　XX（岗位）
- XXXXXXXX
- XXXXXXXX
- XXXXX

20XX年X月—20XX年X月　　XXX（组织）　　XX（岗位）
- XXXXXXXX
- XXXXXXXX
- XXXXX

项目经历/课题经历/发表论文等酌情添加

20XX年X月—20XX年X月　　XXX项目　　组长
- 作为组长，组织XX人团队，设计项目……

（十）工具十：简历BALI原则

我们为导师推荐优秀简历的"BALI原则"，各位导师可以参考这个原则，指导学徒制作简历。

Basic——在简历中做到基本信息完整

简历中，所有时间、公司、岗位，都要准确完整地表达出来。通篇简历要做到基本信息完整准确。做到"Basic原则"，说明你是个靠谱的人。根据经验，30%的学徒会犯"Basic原则"错误，从普通院校学生到名校博士，从在校生到有工作经验的人，都犯过这个错误。这个错误一旦出现，雇主就会否定求职者的态度，紧接着就拒绝他了。常见的"Basic原则"错误如下：

（1）时间与名词错误：比如时间用缩写、时间不清楚，或者还有干脆不写时间的。通常HR对时间非常敏感。准确的时间也是求职者严谨专业的表现。关于时间，也介绍给大家一个规则：简历上的时间，通常要使用倒叙来排列。

（2）多余信息：中学信息不用放，有的学徒还会放小学信息。这些多余信息浪费篇幅，没有意义，一定不要放。因为简历是社会上成年人求职使用的，应从职业教育或高等教育开始。

（3）照片不合格：照片不是最重要内容，却是决定简历是否通过的关键因素之一。

Achievement——在简历中展示成就

首先挑选有成就的经历，并描述出亮点来。关于成就，有的人也许会说，"我觉得自己特别普通，没有什么成就。"根据亚当·斯密在《国富论》中提出的绝对优势理论：**人没有有绝对优势，但是一定有相对优势**。每个人都有自己的成就，是你过去投入、付出的证明，就看怎么挖掘。

常见的成就方面的错误问题：经历不细致描述，流水账式罗列；经历写得很主观，假大空；将自己的经历写成小作文，时间点和成绩不明确。

为了写出成就感，推荐的具体方法如下：

（1）太久远、"打酱油"的经历都不要写。首先时间上，如果学徒已经职高毕业、大专毕业或者已经工作几年了，那么初中的经历就不要写了；其次分量上，"打酱油"的经历不写，比如学徒参加合唱，仅仅是合唱中的一员而不是领队和组织者，那么也不用写。

（2）在经历中，归类描述。针对一段工作经历，要将自己的工作内容分条整理罗列。相比一段文字，条目式展示更能展示出做了什么。不管学徒做的事情多么杂乱，都要尝试进行分类归纳。比如学徒实习的时候就是整天端茶倒水或填票报销，那么也可以大致分为会务服务和票据整理两类。

（3）使用动词与准确的名词。用归类的方法给一段经历分好条目后，每个句子的开头最好用动词，突出自己的投入。比如你当过外联部部长，那么可以这样用动词开头描述：管理外联部干事、洽谈对外募资赞助合作、配合大型活动进行宣传。而每一项经历中的名词要准确，比如你参加了一项比赛，那要写出你们团队比赛作品的名称。

（4）描述经历的时候要使用数据，增加成就感。数字总是抓人眼球的，数据包括总数字、高峰数字和对比数字。我们的简历中，总能找到数据。你可以介绍总体数据，比如在这份经历中，打了多少电话、组织了多少次活动、累计多少人参加。也可以展示高峰数据，也就是最好的节点数据，比如在某次促销中一天完成了多少销量。

Link——让经历与求职目标链接

简历匹配，是制作简历的高端技巧，让雇主看到你与目标岗位的匹配性。你的匹配度越高，就越容易通过简历筛选。做到"Link原则"，说明你是个有目标的人。

常见的不匹配问题有：跨专业就业，却没有相关经历，比如机电专业却求职前台；求职目标混乱，比如有的学徒一份简历上写求职财务和销售，这是两个不同方向的岗位，不能写在一份简历上；最后是经历非常混乱，比如有的学徒尝试过几个行业和岗位，那么为了匹配目标岗位，就要进行筛选。

为了做到匹配，我们推荐导师可以从以下角度引导学徒：

（1）你为什么求职这个方向？从源头开始去挖掘相关经历。

（2）地毯式回顾过往经历，看看有没有与其匹配的。

Interest——用突出的兴趣证明自己的才华

参考"工具八"，兴趣金字塔。自觉兴趣和志趣可以写在简历上，而感官兴趣一般不会写在简历上。

01

案例一，下面的简历乍一看很丰富，但是仔细阅读，每一条都是抄写的岗位说明书。这样的简历不够具体、详实，且应届毕业生能否全面负责以下工作也令人怀疑。

2019 年 4 月—2019 年 12 月 ········· XX 新世界百货 ········· 市场部助理经理

- 推广策划：协助部门经理完成市场部的日常企划工作，根据不同档期制定相应的活动策略及活动方案，跟进并完成活动的审批事宜；<u>策划了什么活动？</u>
- 活动执行：策划不同类型的商业公关活动，配合商场促销活动吸引客流，对接相关部门及媒体广告公司等，及时高效的完成商场推广活动；<u>活动执行的效果如何？</u>
- 异业合作：开拓整合媒体及商务资源，和各类媒体及商家保持良好合作，监控并评估相关的活动及其效果，多方位对商场进行推广及品牌宣传；<u>与哪些行业和公司异业合作了？</u>
- 总结报告：对各项市场活动进行总结复盘及评估，完成各类营销月度季度的计划报备工作；<u>报告的频次，是月度还是季度还是每年？</u>
- 协调沟通：完成各类合同及请款等流程类工作，和其他各个部门沟通对接，以便其他部门配合市场部各类活动。

02

自我评价

学习能力强、主动性高；
责任心强、沟通能力强、具有较强的执行力、团队合作能力强、环境适应能力强；
工作态度踏实沉稳、追求上进、心思细腻；
吃苦耐劳、勇于挑战自我、乐于学习和尝试新鲜事物。

案例二，这是非常常见的敷衍且泛泛的自我评价，并不能证明学徒确实拥有如此多的优点。

案例三，下面的截图，是两段比较好的简历。比如第一段的自我评价就非常言之有物，而工作经历也有很清晰的条理和数据支持。

🍃 自我评价……

- 擅长沟通协调，热爱志愿服务，担任5次活动主持人，数次担任志愿服务负责人；
- 自我驱动力强：2年多坚持制定每月每日计划，及时落实与复盘。

2020.09一至 …………… XX科技有限公司 …………… 高中部行政-课程运营

- 对接销售团队，为销售团队策划活动，如××小卖铺，夜跑等活动缓解销售端压力；
- 策划公司秋季大团建，为销售人员安排住宿、吃饭，同时日常负责销售下午茶的采买；
- 1月转岗运营，平时为销售端整理物料，参与了春季续班，可续217人，纯续71%，扩展15%，全国排名前20%；
- 参与整理课程卖点，为销售端整理产品手册，撰写了新旧教材的区别，提升产品卖点。

03

（十一）工具十一：模拟面试方法

1. 模拟面试的方法

方法一，进行仿真模拟面试——自我介绍、职业规划、选择问题、业务问题、能力问题、薪资问题。同时也建议导师针对学生应聘岗位，问一些个性化问题，比如为什么跨专业选择岗位？针对岗位要求的技术，你有哪些技能？下面列举了面试中常见的问题，导师可以选择使用。

- 请简单介绍你自己？你怎样形容自己的性格和倾向？
- 你觉得学校生活带给你什么收获？有难忘的经历吗？
- 你参与课外活动学到什么？学到什么与工作有关的技能？
- 你有没有继续深造的打算？
- 你觉得自己最大的优点和缺点分别是什么？
- 你为什么申请这个职位？
- 你对本公司有什么认识？
- 你为什么相信自己适合这份工作？

以上问题的回答往往在之前的"霍兰德测试""DISC测试"、自我能力复盘、兴趣讨论等环节中都有体现。

方法二，请同学进行5分钟的自我介绍。如果能流畅地说5分钟，那么他这次求职就算言之有物且有逻辑。如果不能完整表述5分钟，那么就要启发提问：你为何要求职这家公司？你觉得自己能为公司提供什么？

2. 面试中自我介绍的要点

关于面试经验，此处重点强调一下面试中**自我介绍**环节两个常见的问题：

（1）太华丽，将自己大肆表扬，其实面试官也记不住你究竟有什么优点。比如有的学徒可能会这样自我介绍："我乐于助人，勤奋踏实，认真负责，非常耐心、细心，有团队合作精神，并且善于创新，您给我一个机会，我会还给您一份惊喜。"这样的表达，有失真诚而且言之无物。

（2）自曝式，直接说出自己的缺点。不要以为不会出现这种情况，有些学徒在性格单纯和情绪紧张的情况下，就会自曝，因为人们会下意识觉得，我提前说出自己的缺点，显得非常诚实。比如有的学徒可能会这样说："我比较内向，不太爱说话，而且我学历也不高，不过我会努力的。"这不是真诚，而是怯场。其实这恰恰是缺乏职业素养的表现，不理解职场的基本逻辑——交换。对方给你入职通知（offer），只有一种可能，就是你能胜任，而不是依靠你诚实地提前袒露自己的缺点以求谅解。

那么面试中的自我介绍究竟说什么呢？关于内容，建议从3个维度组织自我介绍的内容：

（1）描述自己的专业知识和技能：自己掌握了什么知识，有哪些技能，描述自己的专业技能。适合于本专业就业，比如计算机相关岗位；

（2）描述自己的工作软技能：说说自己在工作中的风格，比如你可以说自己做事的节奏以及软技能。适合于跨专业就业，或者强调综合素质的岗位；

（3）描述自己的内在动力：可以说说成长的动力是什么，你对什么领域痴心不悔，你的兴趣与热情是什么。比如业余时间都在做什么，或者对某个行业、工作的热爱。

以上3大维度，建议学徒根据面试的岗位和自己的情况，说出1~2个就好。

一位学徒的面试自我介绍展示

小红,电子商务专业,职业院校毕业,求职广州某卫浴产品电商客服岗位。其自我介绍是这样的:您好,我是刘红,毕业于XX职业高中电子商务专业,今天来应聘电商客服岗位。首先,我有过一段XX公司的电商服务经历,负责客服与订单发货。我在三个月的实习中没有任何差错,熟悉了客户服务的后台软件,以及订单发货流程。其次,我在学校里担任班长,并且加入了辩论队,所以我的表达能力也不错。我觉得自己能够胜任电商客服岗位,也非常感谢您安排这次面试。

(十二)工具十二:目标的SMART原则

在归纳职业规划和制定行动计划环节,我们推荐管理学大师彼得·德鲁克(Peter Dracker)给出的"SMART标准"。

S具体的(Specific)。比如我希望找一份能让我学到东西的工作。那么"学到东西"这四个字就不具体。我们指导时遇到很多学徒,要跳槽时常常说"这里学不到东西"。这种表达存在严重问题,这种表达缺乏宾语。要清楚,自己期待学什么?正确的思路是:我希望接下来的工作能让我学会写软文,那么去媒体工作比如做媒体运营就能完成目标。但是很多青年在求职的时候,就是很笼统地说"我希望学到东西",表现出"干到老学到老"的正确性,而不添加具体的宾语,这个美好的期待背后其实是迷茫。再比如行动计划,"我想要学英语"就是个不具体的目标,导师可以下切式提问学徒,是希望提高口语,还是为了参加大学英语考试,或者为了应对面试?

M可衡量的(Measurable)。我们调查过一些学徒,总是特别希望自己的领导是个公正严明的人,最恨领导偏心。可是,谁能够给"公正言明"一个清晰且统一的标准?比如你发现领导将一个工作交给同事而没让你参加,你怎么知道是领导分析了这个项目的困难后,觉得同事比你合适,还是领导偏心呢?公平、偏心这种事情,是非常主观的感受,很难进行客观地衡量。同样的,学徒制定的行动计划也应该是可以衡量的。如果一位学徒的行动计划是要变得强大,这就是一个模糊的不可衡量的目标。

A可以达到的（Attainable）。很多学徒都希望自己将来进入的公司没有复杂的办公室政治。不管一个公司多好，没有办公室政治只能是阶段性的，伴随着人员流动，经营收益变化，公司的发展扩张与部门调整，迟早会出现利益纠葛，那么就有可能出现办公室政治。所以你期待在与办公室政治绝缘的地方工作，就是很难达到的要求。设定目标还要考虑市场竞争因素。比如一位学徒非常渴望进入事业单位，但是很多事业单位设有门槛条件，这就要学徒客观评估，自己能达到这些条件吗？

R与总目标相关的(Relevant)。还记得垂直点和目标分解吗？即你当下的行动，是否有利于你的职业规划。比如一位学徒将来想开自己的甜品店，那么去餐饮类公司工作，就是与总目标相关的。

T有时间期限的（Time-bound）。首先，职业规划和行动计划都应该是有时间期限的。比如有位学徒，面对一个机会在犹豫。导师可问一个问题：你接受这个机会后，能坚持干两年吗？如果你认真一想，我可能干几个月就跑了，那么这个Offer就没有效果。注意，还有不少学徒抱着"我希望找一份好工作，干到退休"，然而当今社会，一份工作可以干一辈子，已经非常少见了。聚焦当下，设定职业规划的时间期限是更负责任的态度。

05

拓展阅读

在职业指导的过程中，青年学徒往往会提到一些职业发展的常见问题和困境，也希望导师能给予一些反馈。在"青年成长伙伴计划"中，导师需要有一个清晰的服务边界，清楚地认识导师并不是教师，也不是律师，更不能帮助青年学徒直接解决问题。对于常见的求职和职场问题，本章节为导师提供了一些相应的知识和建议，以供导师在活动过程中遇到类似问题时参考。

（一）友好的职业指导

1. 三个方法应对求职中的性别歧视

方法一：绕开歧视重灾区

歧视的重灾区通常有以下特点：（1）目前从业人员比例中，男性占主导的企业单位，常见于传统的重工业、矿业、运输、制造业。在这些行业，管理层对女生的评价还是沿用了具有性别歧视色彩的论调。但是这些论调并不合理，这种性别隔离的就业情况也会随着时代改变。比如5年前，快递骑手主要是男性，但是最近两年，女骑手也越来越多，外卖平台发布的报告显示，女骑手已经超过10%。（2）身不由己的公司，最典型的就是劳务外包和派遣公司。这样的公司往往处于乙方的地位，必须满足甲方的要求。如果甲方要求不招聘女生，那么乙方通常就要服从。

其次，哪些是友好一些的领域呢？就目前的劳动力市场环境来说，具有以下两个特点的领域，女性友好的概率会大很多。请注意下述领域仅是从概率的角度出发，并不是说这些领域里的企业都是女性友好的，或是除了这些领域，其他领域的企业就是不友好的。

（1）以英语作为工作语言的行业。一些使用英语较多的行业，比如贸易、翻译、出版和教育行业、广告、公关、跨境电商等，确实女性从业者较多，而且会认可女性在语言方面的优势。

（2）新兴热门的行业。新兴热门的行业汇集了市场和资金资源，企业的管理重点是在经营发展方面，因此更容易抛开对于性别的固有成见；另外，新兴行业没有特别成熟的、对口的专业人才储备，市场需求大于供应，女生的机会也随之增大。目前，相对友好的领域有公关、广告、电商、媒体、教育、数据分析以及IT技术、贸易等。同时这些领域往往竞争更激烈，你也许不会遭遇很让人无奈的歧视，但是要对竞争有所准备。另外一种绕开歧视的方式是建立联结，这也是破解歧视的捷径。内推是让对方看到你个体差异性的最好办法。通过内推，决策者看你的简历的时候，就有可能让他放下性别歧视，看看你是个什么样的人。

方法二：正面应对女生特有的面试问题

女生面试总会遇到这样的问题：你能出差吗？你能加班吗？你有男朋友吗？或者直接说"这份岗位不适合女生（我是为你好）"。你听到这些问题，会怎么回答呢？不仅仅是面试，入职后，你也会面对很多这样的对话。而男性就不会面对这样的问题。既然女性需要遭遇这些问题，那么就应学会面对它。针对女生特有的面试问题，背后是以下两种担忧：

（1）能力不够。认为女生感性、顾家、怕压力、不够果敢、没有领导力；

（2）投入不够。女生受不了苦，生了孩子就不思进取、不努力工作。

回答技巧有三个：不抵触、下切、有主见。

首先，不要反感这类问题。面对质疑和婚恋问题，正面、自信地答复，正好是你打造个人品牌的机会，也是让歧视在你身上无效化的时刻。从社会角度来看，正好可以促使他人用心去理解女性，从而打破歧视。从社会心理学角度看，歧视的根源是社会偏见，而社会偏见往往源于沟通不足[10]，也就是被歧视群体的声音表达不出来。那么利用这个问题表达出你的声音，就有机会去消解整个社会的歧视。所以我们建议学徒要敢于回应这类问题，微笑地说："好呀，谢谢您的问题，我说说我的想法。"另外从现实角度讲，当你反感这类问题时，对方会捕捉到你的反感，会更加在意你的回答。

其次，"下切"对话。不要和对方在"所有女性都怎样怎样"的层面进行讨论。举个例子，很多网上的言论这样说"女人都是感性的"，那么这个时候讨论"女人都不是感性的"就没有意义，而探讨具体某个人是不是感性的，才能讨论下去。所以如果面试中对方说：这个岗位不适合女生。我们可以微笑，礼貌提问：哪里不适合女生呢？那么对方必然从具体场景说，比如加班多、出差多。然后我们可以应对具体场景，说说自己的感受，比如我特别喜欢出差，出差带给我什么感受。此处推荐"下切"这种沟通技巧的背后逻辑是，性别歧视总是忽视个体差异。而任何简单粗暴的结论，一旦被"下切"，就能轻易被证明是立不住脚的。

最后，求职面试中要体现出主见。比如一位女生面试的时候被提问到为什么来北京求职，她回答：我姑姑和叔叔都在这里。比如有女生应聘财务，回答说：我爸妈说女生做财务好一些。这些都不是你个人的诉求。还比如有学计算机的女生，想要跨专业就业的时候，面试官问：你为什么要跨专业就业呢？女生回答：因为计算机不适合女生。以上回答，都是没有主见、没有规划力的回答，仅仅是对权威观点的服从。你这样的回答让面试官看不到你确切的需求，只看到你将自己的人生大事交给权威了，就会怀疑你的投入程度和稳定程度。

方法三：跳出来，构建自己的优势

性别歧视的本质是贴标签，那么就要突破刻板印象，构建自己的优势，这是一种主动应对性别歧视的方式。性别歧视对女性角色的核心标签是被动性，那么导师就要鼓励学徒主动摆脱被动，让大家日渐相信你是主动且有行动力的。

回顾一下自己是否曾在没有官方要求的情况下努力完成一件事？还是说你的人生大部分，都是在学校、父母、学校老师和老板的要求下完成的。你除了上学考试，自己有没有完成些什么事？如果真没有，现在就去创造、去尝试。如果学徒还在学校，就积极参加课外活动；如果学徒已经走上社会，那么在和人聊天时，可以多积累一些校外的、体现自主性和见识的经历。

10—黄家亮. 论社会歧视的社会心理根源及其消除方式——社会心理学视野下的社会歧视[J]. 思想战线, 2005(05): 89-93.

在我们学徒中，有女生喜欢打篮球、踢足球或者跆拳道，这样的爱好出现在简历上会给人爽朗坚强的印象，面试中也会成为对方的关注点，这就是突破了刻板性别印象后，让外界客观地认识自己的方式。再比如，我们的学徒中，有的女生喜欢创业，从职业高中起，就学习经营，周末打工，参加学校的创业比赛，那么这样的经历，也是比较吸引人。所以导师也可以鼓励学生，根据内心的喜好，积极的尝试，创造主动争取的经历。

2. 友好的职业指导原则

（1）不要这样做

当一位女生或男生来咨询你职业问题时，导师不应该出现以下的行为：

① **不要将所有女生或男生看成一个整体，进行评价和结论性概括。**

导师要注意到学徒的独特性，不要一上来就认定她/他有什么特点。你要真的听她/他描述自己的性格、能力、专业和经历，再去评价。诸如，你是个很细心的人。而不是因为对方是女生，说：女孩比较细心，所以你也就……（一上来就这样说，是固化了刻板印象）

② **不要因为"多数女生"或"多数男生"都不这样，就对她/他的想法进行否定。**

导师不应该因为"多数女生或多数男生都这样"，就直接对学徒进行引导，即不要一上来就建议她/他"应该"从事什么工作。例如，导师可以先听听她/他的兴趣爱好，当你知道她/他想要做财务，再去陈述你对财务岗位的分析与建议。而不是直接建议对方："女生还是做财务好一点。"一开始就这样跟学徒说，是固化职业隔离的一种表现。

职业隔离是指劳动力市场中存在"女性"职业和"男性"职业的现象。职业隔离既有水平方向也有垂直方向的隔离。

水平方向的隔离，比如计算机技术、建筑施工、勘探、末端快递领域，一直都是由男性主导，而护理、行政、财务、幼儿教育等领域一直是女性从业者多，这就是水平方向的隔离。

垂直方向的隔离，是指不管该行业从业者男性多还是女性多，领导层通常男性多。

③ **如果学徒有一个看起来不那么"主流"的目标或爱好，不要马上否定她/他。**

比如一个男孩也许喜欢美妆，一个女孩也许想要做机械数控。导师可以在了解其性格、经历、能力和兴趣后，再结合自身的经历、知识、资源以及学徒的个人情况给予具体的指导，而不是单纯地基于其性别而作出判断和建议。

（2）可以这样做

社会上通常将女性的正面能力概括为亲和力，即与人际关系相关的能力，包括善良、温柔、共情、体贴等，并认定女性的负面特质是缺乏行动力。对应的刻板印象是男性的正面能力是行动力和基于事业相关的能力，包括目标、野心、抗压、主动等，负面特征是缺乏亲和力。而心理学界已经通过大量研究

证明，同时具备亲和力和行动力（即双性化）的人，具有更好的心理健康状况和职业适应能力。

因此，我们建议导师在指导一位青少年时，基于她/他的经历去发现其身上的亲和力和行动力。也许你会发现一位女孩很有行动力，一位男孩很有亲和力，那么请赞赏她/他身上的正面能力。所以当一位女生或男生来咨询职业问题的时候，你可以参考下面几种方式，挖掘其优势。

（1）询问过往的经历，并进行能力归纳

参考问题如下：

① 在同学朋友当中人缘好吗？会主动提供给别人帮助吗？（亲和力方面）

② 过去学习成绩好吗？是否担任过学生干部？（行动力方面）

③ 有没有为了自己的兴趣做过什么？在没有老师和家长要求的时候，自己有过哪些尝试？（行动力方面）

④ 有没有主动地促进和别人的关系？过去几个月交过新朋友吗？怎么交到的？（亲和力方面）

⑤ 最近最困扰你的人际关系问题是什么呢？

⑥ 最近你最想改变的是什么呢？

⑦ 你也可以分享自己详细的经历，比如你如何处理人际关系中的冲突，以及你如何自主采取行动的故事。

基于以上问题，当学徒讲述自己的经历的时候，你可以归纳其具体的能力点。比如我发现你很主动，有行动力，或者原来你能关注别人的情绪等。

（2）提醒和鼓励双性化发展

① 如果对方是一名女生，而她分享了自己的追求，但迟迟不能行动的时候，可以鼓励她制定具体的计划，从当下开始进行尝试（行动）。比如我们指导的一位女生，她想要尝试自己在家里制作面点，然后再销售。我们建议她根据自己的目标先制订出一周的行动计划，包括需要多少预算、和朋友聊一聊需求、设计产品，一周后跟进进展。这样推进学徒制订短期计划，能帮助他们把想法落实到行动上，而不是畅想一会儿就放弃了。如果一周后发现没有任何进展，那么就要分析问题出在哪里。

② 如果对方是一名男生，他在分享了自己的职业计划后，野心勃勃地表示马上就要开始行动的时候，你可以问问他在这条职业路上，谁可以提供支持？帮助他分析身边有哪些朋友、家人可以提供支持，以及如何获得支持，鼓励男生主动地分享和建立良好的人际关系。

③ 那么，如果反过来，一个女生行动力很强，想到什么就立刻风风火火地去做；一个男生有些顾虑，总是不敢迈出下一步，同样的，请你鼓励他/她在自己薄弱的环节做出适当的努力。

印度哲学家克里希那穆提曾经说："不带评论的观察是人类智力的最高形式。"友好的职业指导就是导师放下人类社会长久存在的性别刻板印象，认真地看待你遇到的学徒，去观察他/她的个性和能力。

3. 应对骚扰

性骚扰（sexual harassment）指以性欲为出发点的骚扰，以带有性暗示的言语或动作针对被骚扰对象，引起对方的不悦感，只要言语或行为令他人感到不悦或有被冒犯的感受，且被认定存有性相关的暗示，都算是性骚扰。

这个概念的核心点就是主观，所以，要相信受害人的感受。关于概念，我们还有一个注意事项：没有任何恋爱追求，会以性骚扰的形式表达，性骚扰就是性骚扰，是施害者蔑视了别人的基本权利。

我们指导的很多女生，讲述了自己遭遇性骚扰的场景和形式，比如：

- 年会、酒桌上，男性员工要求和女性贴面拍照，或者借着聊天有动手动脚的行为发生；

- 展示有明显性暗示的图片、段子；

- 言语中将彼此的关系说成性关系（比如，一位男生给一位女生倒水，开玩笑说：来享受老司机给你的贴身服务）；

- 直接提出性要求。

（1）三步走应对骚扰

当我们指导的学徒遭遇了职场性骚扰，来咨询导师的时候，导师应该怎么办呢？我们提供以下建议供导师参考。

第一步，确认事实和感受

你可以询问他/她当时发生了什么？当时他/她的感受是什么？当时是否还有其他人在场？在这个过程中，要有耐心，让学徒勇敢地讲出来。也许你不经意的一次打断，对方就讲不下去了。导师要尊重学徒的主观感受，不可随意评判"你别太敏感了"或者说"其实这也没什么大不了的"。

第二步，构建支持体系

当你确认这位学徒遭受到的是性骚扰后，请你首先告诉学员："这是性骚扰，这不是你的问题。"你可以提供办法供学徒参考，比如：将这件事告诉自己最信任的同事、领导和人事人员；想想有没有短信、微信、视频监控的证据，并且注意开始收集证据；想想在公司，谁会是支持你的人；你是否能在短期内争取到更多人对你的认可和支持。最后和学徒讨论是否要在公司内进行申诉，还是报警处理，通过当地妇联、街道社区或者打110报警，都可以获得官方层面的支持。一个人在社会上，不会是一座孤岛，你身边有各种行政支持单位和人际支持系统。

第三步,面对性骚扰,直接拒绝最有效——态度镇静+语气坚定+语言明确+立刻取证

这个时候不要含糊,更不要羞涩,越直接越坚定的态度越有效果。请一定不要忸怩羞涩,通常你的忸怩羞涩会饲喂对方的控制欲,使其认为自己果然很厉害。这里有个小测试:以下表示拒绝的语言,哪个是属于明确拒绝的:

A. 我还有其他事情,先走了。

B. 你怎么这样呢?

C. 你在开玩笑吧……

D. 我讨厌你的做法。

(正确答案:D)

总之,性骚扰对于任何人来说,都容易形成压力,所以这个时候**耐心地倾听**、**坚定地支持**很重要,一起抵制性骚扰是我们每个人都应该做的事情。

(2)日常工作中如何防范职场骚扰

在职场中,很多时候,性骚扰以似是而非的面貌出现,介乎于玩笑和骚扰之间,那么难点就是把握正面拒绝与隐忍之间的界限。对此,我们收集了数个防范骚扰的场景,希望给导师和学徒更多启发。

场景一

发生在办公室的下流玩笑,比如同事开下流玩笑。

应对建议:直接拒绝,要冷静,尽量不要忸怩,如果自己委屈得哭了,对方也许更得意。

场景二

在酒桌上,要求和同事喝交杯酒或者贴面拍照。

应对建议:如果现场人很多,场面很热闹,你觉得直接拒绝的压力很大,可以以上洗手间为借口离开现场,并且记住你可以直接说"我不喜欢""我不愿意"。

场景三

和老板一起出差，已经晚上10点了，老板让你到他房间坐坐，说一下工作。

应对建议：主动提出可以在酒店的公共场合讨论工作，比如大厅这样的公共区域。如果你确实需要进入老板房间谈工作，那么可以在进入房间后，让家人给你电话，你可以和家人说"嗯嗯，已经到了，在和X总开会说工作，一会儿再聊"，而且不要锁上房间的门。

总之，各方面的数据统计都表明，性骚扰和强奸的受害者在年龄、长相、学历方面并没有任何规律可寻，所以遭遇性骚扰并不是受害者的错。做职业指导，要给青年支持和引导，帮助他们认识性骚扰，学会防范性骚扰。如果你已经采取了预防措施，仍然遭遇了伤害，不是你方法不对，是对方犯罪了，这个时候就需要直接诉诸法律。

以上内容，希望可以帮助导师在面对学徒遭遇性骚扰的求助时，给予他们正面支持和引导。各位导师应当知道，虽然我们衷心地祝愿青年不会遇到这类伤害，但是职场性骚扰实际上仍然存在。通过青年成长伙伴计划，我们期望和各位导师一起努力，推进健康文明的职场环境。

（二）招聘常见问题

1. 常见的招聘陷阱与应对方法

（1）4类常见的招聘陷阱

分别是高薪陷阱、试用期陷阱、粉饰岗位、收费陷阱

- **高薪陷阱**：常见的如"刷单，在家就能每天收入几百元"。在之前的一个职业指导案例中，大专生小红，工作2年，攒了2万元。看到冲钻刷单，一天500元，就心动了。结果刷进去2万元后，再也联系不上对方。

- **试用期陷阱**：某公司招聘车间工人，面试后，要求试用7天，不合格再辞退，却不说清试用期工资。在第6天给出极低的补贴（比如每天50元左右）予以辞退。再比如，有的公司设置6个月的试用期，而试用期工资是正式工资的80%，然后在第5个月的时候，以能力不足为由，将员工辞退或延长试用期。

- **粉饰岗位**：一个单位实际是招聘业务员，但是打出的招聘启示是市场总监。又例如，"本公司诚聘人才，学历不限，经验不限，只要你肯干，年薪百万绝对不是梦！"，但是入职后会发现没有底薪，也许单纯从逻辑上看，你只要销售业绩够好，确实就能年薪百万元，但是这对于年轻人来讲难度太大，而没有底薪也意味着没有任何保障。我们不推荐年轻人做无底薪的销售，这对心态和人脉的考验太大。年轻人可以做销售，不过最好是在正规的平台，这样才能获得系统的支持，而不是依靠年轻人的个人社

交来促成订单。在很多规范的公司,虽然销售岗位会因为提成而给很少或较低的底薪,但是往往有底薪保护期,比如半年内不管是否有业绩,都有固定的底薪。

- **收费陷阱**:最常见的就是应聘者入职需要交体检费、培训费、保密费、服装费等,然而这些费用原本都是企业应该承担的。

(2)应对招聘陷阱的4种方法

方法一:不要"海投"简历。有些学徒在求职中通过某些软件随意"海投"简历,那么就容易吸引诈骗公司,他们会编造一个非常靠谱的面试邀请来"钓你上钩"。举个例子:一位学徒是今年的应届大专毕业生,计算机专业。求职中,内心是焦灼的,于是每天疯狂投递简历。某天接到一个电话,说是游戏公司的测试岗位。这位同学很感兴趣,收拾好自己就满怀期待地去面试了。面试者是一位女士,询问了一些日常问题后,对这位学徒说:"你的潜力还行,就是基础有些弱,也没有项目经验,直接上岗有些困难。这样吧,我们公司还有一个培训项目,你参加完再上岗,你自己也能通过这个项目获益,所以你缴8000元的培训费吧。"

方法二:面试前用企业查询软件等搜索一下对方企业,比如是否有正在进行的官司,包括劳动纠纷或者股权纠纷。

方法三:警惕那些牛头不对马嘴的面试邀请。比如一位同学求职宠物兽医类岗位,结果一家房地产公司招聘项目主管,给他发了面试通知。

方法四:在电话沟通或面试中,审查一下岗位是否存在陷阱。详细询问对方的岗位内容、工资条件、试用期设置,以及通过试用期转正的条件等。尤其不要相信任何求职中的招聘收费项目。

(3)时刻警惕传销

传销,表现为组织者假借"特许加盟经营""自愿连锁经营""网络资本运作""市场营销""连锁销售""纯资本运作""民间互助理财""人际网络""原始股基金""网络营销"等名义从事传销的行为,逐步演变为借用传销组织体系形式和计酬方式,不销售商品或以销售商品、提供服务为幌子,从事集资诈骗等违法犯罪的商业欺诈行为,本质是一种有组织的诈骗活动,以非法占有他人财产为目的。

传销具有隐蔽性、欺骗性以及一定的暴力性特点。近年来,传销迅速蔓延至大学校园,呈现出愈演愈烈的趋势。大量在校的或是刚毕业大学生加入传销组织,使得传销团伙呈现出高智商犯罪的特征。由于其方法、手段都比以往更加高明且隐蔽,其危害性也更大,这些都给社会的安定和谐以及学生个人的生命及财产安全带来了极大的威胁。

传销窝点在全中国都有分布,主要集中在广西、贵州、河北、山东、安徽等地,如果有亲戚朋友邀请你去异地共同创业,经常打电话来催促你,极有可能陷入了传销组织的圈套。当然,传销组织会不停地流窜,以上地点仅供参考。总之,急于改变现状的人,更容易误入传销,失去理智和自由,乃至失去生命!

2. 常见劳动问题

（1）新人职场劳动权益常见问题

职场新人，特别是学历不高的青年，常见的劳动权益问题往往集中在"离职"和"入职"两个阶段，导师可以提醒学徒如下几点。

01 合同内容

> 劳动合同上，先不写工资，等过了试用期再写是否可行？

不行！《劳动合同法》第八条规定：用人单位招用劳动者时，应当如实告知劳动者工作内容、工作条件、工作地点、职业危害、安全生产状况、劳动报酬，以及劳动者要求了解的其他情况；用人单位有权了解劳动者与劳动合同直接相关的基本情况，劳动者应当如实说明。

02 试用期

> 试用期应该几个月呢？

《劳动合同法》第十九条规定：劳动合同期限三个月以上不满一年的，试用期不得超过一个月；劳动合同期限一年以上不满三年的，试用期不得超过两个月；三年以上固定期限和无固定期限的劳动合同，试用期不得超过六个月。

03 社保

> 试用期可以不交社保吗？

只要建立了劳动关系，就应该缴纳社会保险费用。社会保险是国家为员工的生活、医疗保障而实行的强制性保险。所谓强制性，就是由法律法规直接对双方的权利义务作出规定，双方当事人不得自由协商。

04 离职清算

员工离职时，以下费用需要支付给公司，包括：借款、培训费用、违约金、购物款、损坏公司物品等。例如，某国际教育公司送员工到美国学习一周，费用3万元，员工需要承诺服务2年不离职，如提前离职，赔偿公司2万元。公司应该与员工结算工资、社保，并根据员工需要提供离职证明。

（2）导师遇到问题的反馈方法

导师不一定有专业的律师背景，也不需要成为专业的律师。在这个前提下，导师主要是帮助学徒认识社会，知道这种侵犯权益的事情是可能发生的，遇到这类事情，你并非孤立无援，有法律、有政府，也有朋友可以求助。比如导师可以先倾听学徒介绍事情的来龙去脉，可以推荐学徒拨打劳动者热线，即当地区号+12333。在拨打热线之前，整理一下自己要描述的问题和诉求，通常能够获得回复。同时，进行劳动仲裁也是可行的。

特别提醒：很多时候，学徒未必会选择用法律手段保护自己。哪怕是已经上当受骗了，也会默默接受损失。这种情况是存在的，也是可以理解的。我们需要给学徒提供建议，至于最后如何决定，是学徒个人的选择，导师需要尊重学徒的选择。

3. 劳动问题类案例

案例一：被黑中介骗钱

小张是职业高中三年级学生，暑假准备打工兼职。他找到一家中介公司，中介公司在登记后，要求小张缴纳400元的信息费，才帮助介绍工作。然后小张等了一周，被介绍到某食品工厂打工。中介介绍，食品工厂的活不累，而且包吃住，待遇好，是个好机会。但是小张入职后发现食品工厂的工作很累，自己需要值夜班，一小时只有14元，而且工厂每次都少算小时数，还有工作车间温度比较低，夜班非常难熬……小张干了1个月就走了。

导师在听到这个案例后，可以这样反馈：

第一，劳动中介应该面向工厂收推荐费，而不应该面向求职者收介绍费。小张可以打消费者热线或者市长投诉热线，投诉这家中介。日后也请注意，一般靠谱正规的中介，不会收求职者的钱。

第二，这家中介并没有提前说明这家工厂的真实工作环境，这也属于欺诈。日后求职要注意提前询问，是否有夜班，工作时长怎么算，确认待遇和工作环境。

第三，如果日后遇到低温或高温工作环境，要注意公司是否提供了合规的劳动保护措施。如果没有的话，可以通过12333劳动权益保障电话了解自己的权益，也可以通过劳动仲裁索要赔偿。

案例二：体检不合格

小红应聘某民办大专院校办公室文员岗位。面试通过后，对方要求体检。结果小红的体检结果显示转氨酶偏高，但是肝炎结果都是阴性。小红就觉得这个应该没问题，将体检结果交给了对方人力资源，结果对方通知她"转氨酶高不能入职"。小红面对这种情况感到很无助。

那么在这个问题面前，导师可以回复：

首先，转氨酶高但明确肝炎检测是阴性，是可以入职的。雇主这种做法可能涉嫌违法。你可以拨打12333了解自己的权益，也可以通过劳动仲裁来索要赔偿。

其次，日后遇到入职体检，要注意几点。首先在体检前，确保自己饮食清淡、休息充分；其次如果在体检中看到异常数据，可以即时和医生沟通，要求休息一下重新体检；或者请求医生写上"符合XX类岗位入职条件"，这样通常能够通过体检顺利入职。

案例三：成功仲裁的例子

小兰求职一家电商公司，入职后疯狂加班，结果公司没有兑现当时入职的工资承诺，恶意开除她还不给补偿。于是她通过××市××区劳动争议仲裁院，最后得到3000元加班补偿和辞退补贴。以下是她分享的仲裁过程和注意事项，其实并不复杂。导师可以通过分享案例和以下信息，帮助学徒学会用法律的手段保护自己。

（1）去当地的劳动人事争议仲裁院申请仲裁，只用带上身份证就可以了，不需要其他任何材料。

（2）进入仲裁院后会有专人引导，询问你需要什么服务，你可以表示自己需要法律援助，然后工作人员就会指引你去专门的法律援助窗口。

（3）在窗口，请尽可能详细地说明自身情况，专业人员会给出专业意见，也会告诉你需要收集哪些证据。

（4）在具体地、有针对性地了解自己拥有哪些权利和需要哪些证据后，就可以开始着手收集证据了。一切准备就绪并离职后，还是带上身份证以及复印件，直接去当地的劳动人事争议仲裁院申请仲裁就好（不需要劳动仲裁申请书，对劳动者来说非常便利且友好）。

（5）可能需要收集的基本证据：工作服、工资条、工作打卡记录、工作地点拍照、工作相关的聊天记录、录音记录等。

（三）绿色职业指导

1. 绿色职业指导的背景

近年来，为应对环境恶化和气候危机的影响，通过发展绿色经济和低碳经济实现可持续发展逐渐成为国际经济发展的主流战略，实现可持续发展已经成为世界各国经济社会发展的根本目标，并成为当今时代科技创新的驱动因素之一。当前，发展绿色经济已经成为全球的共识，各国积极出台绿色发展战略，欧盟启动绿色经济发展计划，力求通过绿色经济推动经济整体发展，德国主要发展生态工业，法国积极发展核能和可再生能源，澳大利亚签署了"绿色技能协议"，借此让社会上大多数行业理解并认可绿色经济。绿色经济成为世界经济发展的重要趋势和主流。在这种背景下，绿色经济相关行业获得了迅速发展，如太阳能行业、光伏行业、废物回收制造行业等，对人才素质和数量都提出了更高需求。与此同时，绿色经济发展要求所有行业的工作者都具备一些基本的环境保护意识、能力和责任感。

随着以绿色经济为导向的就业结构的转型，为适应不断变化的经济发展和劳动力市场需求，发展绿色技能成为国际社会教育改革发展的重要关注点。我国非常重视生态环境保护和绿色就业岗位开发。党的十九大报告明确提出，要"坚定实施可持续发展战略""加快生态文明体制改革""推进绿色发展""建立健全绿色低碳循环发展的经济体系"。"十四五"规划和2035年远景目标纲要提出要"深入实施可持续发展战略，完善生态文明领域统筹协调机制，构建生态文明体系，促进经济社会发展全面绿色转型，建设人与自然和谐共生的现代化"。由此可见，绿色经济是我国未来经济转型的重要方向。

从国内外政策趋势和劳动力市场发展前景看，绿色产业是值得青年关注和投入的领域。但是相关职业概念非常新颖，对于个体青年来说，会有陌生感，既不能理解其岗位职责，也看不到就业前景。因此需要专业的引导，帮助青年看到绿色职业的从业机会，从而主动培养相关绿色技能，主动寻求劳动力市场的绿色就业机会。

基于上述背景，我们在"青年成长伙伴计划"系列手册里设置了绿色职业指导的拓展阅读内容，以期协助导师更好地开展职业指导。通过阅读本章节内容，导师可以为青年提供的指导内容包括：

- 如果青年表示从没有听说过绿色职业，导师可以介绍一下最新版《中华人民共和国职业分类大典》的内容，以及绿色职业的旺盛增长趋势，引导青年关注最新的职业趋势；

- 结合青年的专业和感兴趣的领域，与青年一起探讨这个领域的绿色职业发展情况。比如财务专业有环保会计，比如金融投资领域有环境社会治理（ESG，Environmental、Social、Governance）分析员类岗位，具体常见领域的岗位可见后文的案例分享。这一过程要引导青年主动关注绿色职业趋势并收集相关信息。

2. 绿色产业的定义和劳动力市场情况

（1）绿色产业的狭义界定

2022年9月，最新版《中华人民共和国职业分类大典》延续了2015年版《大典》做法，标识绿色职业134个，约占职业总数的8%。（见附件134个绿色职业的具体名称）。

在2019年，国家发展改革委、工信部、自然资源部和生态环境部等六部委共同研究制定了《绿色产业指导目录（2019年版）》[11]，从政府官方的角度确定了以下六大产业作为绿色产业：

① 节能环保产业（高效节能装备制造、先进环保装备制造、资源循环利用装备制造、新能源汽车和绿色船舶制造、节能改造、污染治理、资源循环利用）；

② 清洁生产产业（产业园区绿色升级、无毒无害原料替代使用与危险废物治理、生产过程废气处理处置及资源化综合利用、生产过程节水和废水处理处置及资源化综合利用、生产过程废渣处理处置及资源化综合利用）；

③ 清洁能源产业（新能源与清洁能源装备制造、清洁能源设施建设和运营、传统能源清洁高效利用、能源系统高效运行）；

④ 生态环境产业（生态农业、生态保护、生态修复）；

⑤ 基础设施绿色升级（建筑节能与绿色建筑、绿色交通、环境基础设施、城镇能源基础设施、海绵城市、园林绿化）；

⑥ 绿色服务（咨询服务、项目运营管理、项目评估审计核查、监测检测、技术产品认证和推广）。

（2）绿色产业的拓展界定

从绿色环保的意义上讲，绿色产业的范围可能还要更广，只要相关产业和企业在生产经营过程中，能够有助于环境保护、提高能源的利用效率、对可持续发展作出贡献，在一定程度上都具有绿色产业特征。以制造业为例，在制造环节能实现能源的节约利用、降低能耗成本，在生产过程中能实现可再生材料的循环利用、降低原料成本，在核心价值部件中能实现产品的高值化再利用，则可以称之为绿色制造业。

具体来说，绿色制造业的特征包括：

① 绿色设计——在产品生命周期中考虑环境属性，研究生态环境的影响，用于满足环境的目标要求；

② 绿色材料——考虑材料在整个产品生命周期中是否对环境有害；

③ 绿色工艺——采用预防性的环境保护战略的工艺方法；

④ 绿色运输——以节约资源、环境零污染为目的，利用先进的运输技术和运输管理，保证运输各个环节的绿色化；

⑤ 绿色回收及再制造——对产品废物的回收及再制造，缓解经济发展与资源短缺以及环境保护之间的矛盾。

11—国家发展改革委关于印发《绿色产业指导目录（2019年版）》的通知（发改环资〔2019〕293号）
http://www.xifeng.gov.cn/zwgk/zdlygk/xcyxdn/201907/t20190722_62996789.html

由此看来，具备了上述特征的制造业属于绿色产业的范畴。

（3）绿色产业的就业机会

首先，绿色产业的发展带动了对于人才的需求，相关产业因而具有较强的就业潜力。根据国际劳工组织2022年10月发布的一份关于应对气候变化和环境退化的技术发展报告[12]，以绿色就业潜力来看，排名前六的绿色板块有：增长最快的板块是可再生能源板块。其次，在政府政策和措施的支持下，包括废物、能源和水管理在内的环境产品和服务部门得到了显著发展。第三，建筑业，既有建筑绿色改造部门、绿色建筑部门以及智慧城市建设部门。第四，制造业中汽车行业正在向绿色节能产品生产转型，虽然绿色技能需求变化，但净绿色就业增长有限，可在其供应链中创造更多绿色就业机会，如电动汽车绿色电力零部件生产部门。第五，农业部门，中国在绿色农业技术的应用方面处于发展中国家领先地位。第六，交通和旅游服务部门，这一板块的绿色工作机会尚未充分发挥。

在中国，上述几个产业领域也呈现了较为强劲的就业潜力。可再生能源产业的发展非常迅速，其就业机会也相应快速增长。由于人才培养相对滞后，目前大部分可再生能源行业的从业人员来自其他行业，特别是从火电、煤炭、传统能源行业岗位转到新能源行业。而在这些新能源行业的内部，人才培养也面临多重困难，企业自身的人才培养缺乏系统性的标准和规范，尚未形成成熟的新能源专业人才培养标准、路径和资源，这进一步提高了相关行业的人才需求和就业潜力[13]。根据新闻报道，2022年上半年，职位需求量同比增速前三的行业分别是新能源发电、电子、新能源汽车。其中新能源发电的岗位需求增长221%，新能源汽车的岗位需求增长100%[14]。依据相关研究，2022，新能源招聘职位增速达64.4%，远高于全行业的10%，各岗位招聘需求占比差异不明显，从不同岗位来看，普工/操作工岗位招聘需求占整体招聘职位数的5.3%，排名第一。质检、电气、工艺等工程师的需求也比较靠前。由于新能源行业是一个技术密集型行业，因此招聘岗位需求也偏向于技术应用型人才，大专及高中层次的学历需求占比约40%[15]。

中国的环境保护产业曾经在2014—2016年期间出现较为严重的人才缺口[16]，但近两年相关报道已经较少，推测相关领域的人才需求已经大体上得到了满足；建筑绿色改造领域近年来也发展迅速，多个省份均出台相关政策予以支持，由此产生对相关领域人才的需求，据新闻报道，2021年绿色建筑咨询工程师需求同比增长16.40%，景观设计师需求同比增长16.50%。伴随着乡村振兴战略和生态文明建设，绿色农业在过去几年间稳步发展。但长期以来，农村人才回流比重低、外部人才引进难的双重矛盾，致使农业人才队伍整体存量较少、层次偏低、结构失衡，全方位支撑作用比较薄弱，具体体现在，农业人才知识体系更新滞后于农业产业发展需求，专业体系、教学框架、授课内容等与乡村全面振兴的现实诉求

12—International Labour Organization. Just translation poling brief.
　　https://ilo.org/wcmsp5/groups/public/---ed_emp/---emp_ent/documents/publication/wcms_860617.pdf

13—"人才荒"困扰新能源行业　部分企业"地毯式"抢人. http://auto.cnr.cn/yc/20211130/t20211130_525674438.shtml

14—人民网. 新能源产业发展驶入快车道 业界：释放更多人才需求.
　　http://finance.people.com.cn/n1/2022/0901/c1004-32517282.html

15—智联招聘2022新能源行业人才需求与发展环境报告。

16—崔煜晨. 环保产业复合型人才缺口大. 中国环境报, 2016-8-17.
　　http://env.people.com.cn/n1/2016/0817/c1010-28643873.html

不匹配，在绿色农业发展的背景下，相关领域的人才需求也在增强[17]。

研究数据显示，2021年春招季，市场上的应届生岗位呈现出多元化的行业分布特点。尽管互联网、金融等行业仍然是传统的"岗位大户"，但在新能源汽车、智能驾驶、碳中和、碳达峰、乡村振兴等产业和政策热点的助推下，新能源、环保、农林牧渔、社区管理等"冷门领域"对青年人才的招聘规模增长较快。比如，以智慧农业、现代化养殖、农产品营销为代表的岗位规模同比增长135%，农副产品的生产和利用电商渠道的品牌营销成为重点人才招募领域。

（4）雇佣人数较多的绿色产业，以能源汽车产业、光伏产业及某绿色家具制造和销售企业为例

第一，新能源汽车产业

从汽车行业的整体情况看，根据人力资源公司肯耐珂萨（Kenexa）前几年的一份报告，汽车行业人才需求量很大，其中对青年群体的人才需求分别为：17%（高中学历）和45%（大专学历）。从雇主类型看，民企对汽车行业人才的需求占比最大，约为57%。从不同区域对人才的需求占比来看，华东、华南和华北区域对人才的需求量占比最大，其中华东地区的人才需求占比达到44.50%，华南地区17.33%，西南地区7.18%。如果具体到省，则广东省的人才需求热度最高。在国内所有地区，大专及以上学历都是人才需求的主要层次，占比在43%~56%之间浮动[18]。

从整体上看，新能源汽车行业对人才的需求区别于传统汽车行业，尤其是对智能化、数字化等领域的人才需求，根据拉勾招聘提供的数据，这些岗位的人才需求量比较大，但学历要求高，本科及以上学历占比83%，计算机、软件工程、车辆工程、电子通信、机械类及自动化类是热门专业[19]。更进一步，则需要从新能源汽车的产业链的不同部分逐个分析。

与传统汽车一样，新能源汽车产业链很长，从汽车及其部件的设计研发、生产、销售及售后服务，涵盖的企业数量众多、职业岗位范围非常广泛。

首先，设计和研发环节。在设计研发环节，企业招募的对象多数需要具有本科甚至研究生以上学历，本项目目标青年群体的就业机会相对较少。

其次，汽车制造环节。这里需要进一步细分为整车制造和零部件的生产，需要大量掌握新的工厂技术的操作工人。比如最近几年，新能源汽车、电动车企业的招聘量较大，车间操作工中，中专、大专毕业生增加。

新能源汽车零部件的生产涉及众多企业，所提供的岗位涉及面较广，其中更有可能招募本项目目标青年群体的岗位有以下几类：

① 普通机器设备的操作岗位。这类岗位非常普遍，大多存在于尚未充分实现智能制造的多数工厂。

17—人民网. 培育"懂农业、爱农村、爱农民"的新型人才.
　　http://edu.people.com.cn/n1/2021/0930/c1006-32243087.html

18—肯耐珂萨. 汽车行业人才需求白皮书.

19—拉勾招聘. 智能汽车行业数字化人才白皮书.

在多数情况下，这是招募目标群体青年数量相对较多的初级岗位，这些岗位对劳动者的知识技能要求不高，只要具备初中的文化程度、身体健康，经过简单的在岗学习就能进行机器设备的操作。现实中，很多在这些岗位工作的并非青年群体，而是学历程度较低、年龄相对较大的劳动者，且随着技术发展，这些岗位的招聘数量在逐渐降低。

② 数控机床等具有一定技术含量的机器设备的操作岗位。在许多零部件企业都设有此类岗位，尤其是汽车的金属零部件生产企业。这些岗位要求员工具备数控机床等机器设备的操作和使用能力。很多企业从职业院校机械及数控等专业的毕业生中招聘，这些岗位也是招募目标青年群体数量较多的，且岗位的职业晋升空间相对较大。

③ 各类机器设备的维护维修及保养岗位，以及生产过程中的各类技术型辅助岗位。这类岗位非常普遍，几乎所有的工厂都对此类岗位有一定的需求。这些岗位一般要求员工具备机械、电子或计算机等领域的专业知识和技能，能够完成设备的保养和检测、产品的质量检验等具有一定专业性的任务，其招募条件与上一条比较接近。

④ 生产过程中的各类基础性辅助岗位，包括包装、搬运物流等。其岗位需求与前述普通机器设备的操作岗位相对接近，在此不再赘述。

⑤ 企业需要的其他行政及基础管理岗位。这里主要包括财务、销售、市场等岗位。

⑥ 销售及售后服务环节。

新能源汽车的销售及售后服务涉及的企业数量也很多，其中以4S店、品牌直营店、维修厂为主。与零部件生产企业类似，这些企业数量众多、分布很广，提供的岗位数量也很多。总体而言，适合目标群体青年的岗位可以分为两类，一类是技术型，比如4S店和维修厂中的汽车保养和维修技师；另一类则是行政型，比如销售和文员等。两者都有可能从职业院校毕业生中招聘。

概括来说，新能源汽车产业链很长，其涉及的岗位众多，从宏观上看，其中部分岗位会招募很大数量的目标青年群体。由于在广东、长三角和四川都有整车制造企业、汽车零部件制造企业和各种售后服务企业，所以在岗位的供给上，上述单个区域没有根本的差异。

新能源汽车对于员工的能力需求不同于传统汽车的地方主要在于两个方面，一是新能源汽车以电力为动力，因此其岗位需求涉及电池、电机等方面的知识和技能；二是新能源汽车很多都采用更新的智能技术，其智能化水平更高，需要更多IT相关领域的知识和技能，不过这些更多涉及研发人员和工程师等群体，与项目的目标青年群体相关度不高。随着新能源汽车市场占比的提高，这些技能的重要性会逐步提升。

上述这些企业都有可能在某些岗位上招募实习生和学徒，但具体情况因企业的规模、发展状况、已有员工的情况而异。在广东、长三角和四川，都有一些职业院校与企业之间深度合作，共同培养人才。在这些校企合作中，青年有可能实现"实习生—技术工人—技术骨干—技术精英或管理人员"的职业发展路径。从岗位的技能需求上讲，除了少数非常基础性的操作性岗位之外，多数岗位都需要青年具备一定的专业技能，这可以是机械、电子、商务、财会、销售等方面之一，也需要他们具备一定软技能，包括有责任心、扎实肯干、持续学习、认真仔细和善于交流。

第二,新能源产业——光伏产业

受减碳政策、环保理念等多重因素影响,新能源产业近年来走势趋旺,相应招聘岗位快速增长,智联招聘的最新数据显示,2022年1—5月,新能源产业招聘职位数同比增长高达64.4%,高出全行业(10%)54.4个百分点。其中,光伏产业人才缺口明显,目前我国光伏产业从业人员总量约为246万人,2022—2023年年均新增需求22.1万~38.7万人。人才结构供应不合理问题突出,工程技术人员等岗位人才奇缺,复合型、信息化人才供给不足,且地域分布不平衡,长三角地区产业集聚,人才集中度较高,但西部地区人才供给量明显不足[20]。

中国2021年新增的可再生能源产能主要集中在太阳能光伏和风能行业。中国在2021年新增了53吉瓦的太阳能光伏产能(这是有史以来最大的年度新增产能,相当于全球新增产能的40%),超过一半的新增是分布式发电。中国还新增了49吉瓦风电(2020年之后的第二大风电,占全球总量的一半)。2021年期间,风能和太阳能光伏行业都没有受到新冠疫情的影响,尽管其他可再生能源行业经历了一些波动。根据中国可再生能源协会的计算和IRENA的估计,2021年中国在可再生能源领域创造了540万人的就业,高于2020年的470万人。其中太阳能光伏占据了最大的份额,劳动力估计接近270万人,高于2020年的230万人。光伏制造业提供了160万个就业岗位,相关建筑和安装领域提供了近100万个就业岗位,运维领域提供了80万个就业岗位。中国在太阳能光伏就业方面的主导地位反映了其作为主要设备制造商和产能安装领域的主导地位。

具体到光伏产业,其产业及人才需求情况具体如下。

光伏产业人才需求最多的主要有光伏发电系统的搭建和光伏电站的维护保养两个部分。光伏发电系统的搭建主要由三部分组成:光伏发电板(也称为面板或组件)、进行交直流电转换的逆变器、支撑面板的支架及连接不同部分之间的线缆。

面板的生产是光伏产业特有的生产,由专门的面板生产企业负责。逆变器和第三部分支架和线缆的生产其实是传统的电气和机电领域的生产,并非光伏产业所独有,所以其人才需求更与传统的机械、电子、电气等领域的生产企业较为相似。因此,接下来的介绍主要围绕光伏面板的生产及其需求展开。

在光伏生产企业,人才需求量较大的主要有以下一些岗位:设备工程师、研发工程师、维修技师和操作工。设备工程师和研发工程师的招聘主要面向本科及以上学历,尤其是研发工程师更是以研究生以上学历为主,项目的目标青年群体很难有机会进入这些岗位。操作工的招聘要求很低,只要具备初中学历、身体健康就能胜任,许多从业者都是中年以上的外来务工人员等,且该岗位无论是过去若干年还是未来几年,其需求数量都是呈明显下降趋势的,并不适合项目的目标青年群体。

从整个产业的角度来看,对于项目的目标青年群体,面板生产车间的维修技师岗和光伏电站的维护维修岗位是较为适合的选择。在企业中,维修技师一般有2个来源,一是从职业院校机械、电子及机电等专业的毕业生中招聘,二是从内部的生产线长等岗位中提拔,生产线长需要具备经验丰富、对生产设备非常熟悉且学习能力强等特点。对于这两个岗位而言,机械和电子领域的专业知识和技能都很重要,是能够从事相关工作的基本条件。

20—中国能源报. 缺口大 招聘难 光伏行业遭遇人才荒.
http://paper.people.com.cn/zgnyb/html/2022-08-22/content_25936164.htm

由于光伏产业在过去几年中迅速扩张，但学校培养的光伏专业人才供给增速暂时较低，因此目前面板生产中工程师和维修技师等岗位的多数从业者并没有光伏专业的背景。当然，如果有光伏专业的背景、且具备一定的工作经验和问题解决能力，是有能力通过跳槽和岗位晋升等途径实现工资收入的快速增长的。未来几年中，光伏专业领域的知识和技能很可能会变得越来越重要，但即使如此，机械和电子相关的知识技能仍然是基础性的。

光伏专业的学习目前未必起到关键作用，企业期望青年从业者具备"踏实肯干""学习愿望强""愿意接受新事物"等方面的素质。究其原因，无疑是光伏产业非常年轻，发展速度快、技术更新快，生产设备及工艺的改变也比较快，能够很好地学习新知识和技能，对于个人的发展和企业的成长都具有重要价值。

目前，新入职的设备工程师月收入在5000元左右，1~2年内有可能增加到1万到1.5万元之间；新入职的维修技师月收入为4千到5千元之间，1~2年内有机会增加到6千到8千元之间；操作工收入更多在4千到6千元区间内。

从区域上看，长三角地区的光伏面板生产最为发达，用人需求最大，尤其是苏锡常地区，其次是义乌、滁州和宿迁等城市；广东省和四川省的面板生产规模相对较小，用人需求也少一些。

第三，绿色环保家具制造及销售行业

除上述两个典型的绿色产业之外，在对某知名家具和家居零售商及其供应链企业进行的调研中，通过访谈其人力资源部及供应链管理相关负责人，了解到该企业及相关产业的人才需求情况如下。

一些领头的家具企业在全世界多个国家都有商场，并在全球范围内进行采购。在绿色环保方面，这类企业做出了许多尝试和探索，最大限度地减少产品的生产、运输和销售对环境带来的影响。首先，在生产环节采用更加绿色环保的材料和工艺。比如，其设计团队分析了近百种回收材料，并在木材、塑料、纸张、金属和纺织品领域确定了重点材料，优先在这些领域发挥最大的循环能力，如今其超过六成的产品都已基于可再生材料生产。其次，在物流运输等环节，采用更加绿色环保的方式。比如该企业发起循环纸板项目，全国多家商场的废纸板均直接运输到负责供应产品包装的造纸厂，保证了产品包装的环保和坚固，同时减少对环境的污染和树木的砍伐，形成一个完整闭环。此外，该企业选择电动重卡进驻其分拨中心，比起普通柴油车，电动重卡更绿色，其运用会给供应链业务发展带来益处，也会带动市场上更多的品牌和企业，一起助力物流行业的可持续发展。最后，出售和推广更加环保的产品，比如自2015年起在全球范围的门店中仅出售LED灯，其寿命比白炽灯更长、且消耗的能源要少85%，在生产方面，与LED制造供应商合作，使LED灯具价格大幅度降低。

除了在上述设计、生产、运输及销售等环节采用更加绿色环保的方式外，这类企业中设有可持续发展专员的岗位，专员会参与到对供应商资格的评估和审核中，保证供应商的生产符合该企业可持续发展标准（包含绿色生产、员工基本权益等方面的内容），还负责与供应链中的各种利益相关者密切合作，负责确保可持续性数据的收集、验证、汇总和报告，并与业务团队一起支持供应商根据企业的可持续发展战略，发现适用于某地区的可持续发展相关商机。不过这一岗位的招聘要求较高，一般会招聘本科乃至硕士学历及以上的求职者。

最适合目标青年群体的入门级岗位主要与家具制造的供应链和生产相关，包括绿色包装、绿色耗材、低能耗等方面。这类企业面向职业院校毕业生的典型招聘岗位是设备维护技师及相关岗位，其具体要求是：具备（机械、电气、气动和液压等）机械故障检查及维修的能力、具备机械设备维护保养并保证其正常生产的能力、遵守所有安全规定，具备机械及电气或机电一体化等相关专业背景的职业院校毕业生。

3. 绿色职业案例

案例一：基于环境安全的检测类岗位

国家公布的电气电子产品环保检测员是指从事电气电子产品的整机、元器件、材料等的环保检验、检测、监测、分析及数据处理，并利用检测结果改进产品环保设计、生产工艺、供应链环保溯源管理，以及环保检测新方法开发的技术及服务人员管理。目前电气电子产品环保检测员分布在各个行业中，前几位分别是电气、电子产品品牌生产企业、通信行业、第三方检测机构、实验室设备制造企业等，以及第三方检测、评估、咨询公司。

真实职业指导案例

小红，服装设计大专毕业后，在广东从事服装质检工作，每个月到郊区工厂。其工作是按照数量进行服装抽查，而检查的科目包括色差、关键部位缝接情况、味道（是否有刺激性味道）以及pH值。据她介绍，因为很多衣服要上色，那么上色染料和工艺是否环保，就要通过味道、pH值来检验。虽然辛苦，但是月薪在8000元以上。她非常喜欢这份工作，"现在我的眼睛就好像尺子一样，有色差我能马上判断出来，而检验好pH值也是对消费者的健康负责，特别是针对童装，检测的标准更加细致烦琐。"

案例二：植保无人机飞手、销售、维修类岗位

植物保护的需求，不仅仅涉及到农业，也涉及到山林防护、城市绿化、防风固沙等领域。我国的农业植保无人机目前尚处于起步阶段，未来市场前景巨大。而到2022年，从东南沿海到西部山区，很多县级城市都有了无人机公司，在林地养护、茶山管理等方面，植保无人机已经从概念走向实际操控。目前的植保无人机主要是通过地面遥控或导航飞控，来实现喷洒作业，可以喷洒药剂、种子、粉剂等。围绕植物保护无人机的岗位主要包括飞手（即地面操控人员）、销售或租赁以及维修与生产等多类岗位。通过网络搜索发现，这类岗位在全国各地都有分布。

真实职业指导案例

小强，在大专院校学习飞行器专业，他在大二的时候，与同学一起进行无人机植保创业。首先独自购买材料，申请得到学校支持后，通过学校老师的指导，成功组装了一台无人机。然后小强和同学负责进行市场拓展，包括到附近的林地、农场进行走访，了解常见病虫害以及农户自己喷洒农药的时长。经过多次走访，他们小组在附近的农场逐渐有了认可度。在完成学业的基础上，他们每年有2万元的创收。"最开始做农药喷洒也踩了一些坑，比如要提前了解附近的高压电线分布，有时候我们就忽视了，结果无人机在空中总是出现偏差。还有的时候，天气情况不好，就必须要时刻关注最新的天气预报情况。"小强说，"毕业后，我打算回到我们老家，开一个无人机植保公司，我再投入两万元成本，手里有两台机器，自己就是'飞手'和销售，也争取政府的支持，看能不能做出一些有意义且专业性强的事情。"

案例三：绿化公司的采购、种植、设计、施工、维护类岗位

伴随着城市文明建设，城市绿化成为一个城市的建设重点。因此不仅是一线大城市，二三线城市也有了大量的园林绿化、园林景观公司。首先在业务上，细分为，"绿植租售""绿化养护""绿化工程""花园景观""花艺软装""智能绿墙""花境工程"在内的七大服务板块；同时园林绿化领域的岗位细分越来越精细。比如技术含量较高的有植物引种驯化、园林景观设计、节日花卉设计，侧重于执行的有园林施工、养护、造型、病虫害防治等。

真实职业指导案例

小刚，贵州人，机械设计专业大专毕业生。他在工厂做了半年技术工后，由于不喜欢工厂的环境便辞职了。小刚从小就喜欢在山林中奔跑，喜欢大自然的环境。于是经过老乡介绍，他在贵阳市找到一家园林绿化公司的施工管理岗位。这家公司的老板，是一位90后园林专业硕士，自己负责植物引进和设计。而小刚具有大专教育背景，也能看清楚图纸，并且掌握测量、搭建等基本操作。于是小刚被老板重用，成为节日期间花园景观的小队长。在五一、国庆这些重大节日前，老板负责洽谈、设计和制定方案，小刚负责带着临时聘用的工人，按照图纸在现场搭建。搭建后，也要负责基本维护以及撤离清场。小刚很喜欢这份工作，一小半时间在办公室，大部分时间在户外，工作时间是弹性的，一个月工资有5500元。

4. 导师如何引导青年关注绿色职业

绿色职业并不是仅限于公益环保和高精尖技术这类小众领域，其在劳动力市场各个领域都有融入。绿色职业是青年职业发展的机遇，引导青年认识绿色职业，我们推荐以下两个方法。

第一，协助青年看到蓝领岗位的潜力，在工作中挖掘绿色职业机会

中国的技能型人才缺口高达2000万。[21]人社部近年来发布的《全国招聘大于求职"最缺工"的100个职业排行》中，技术技能型人才占比很高，车工、快递员、焊工、汽车生产线操作工、金属热处理工、机修钳工等许多岗位均出现在榜单之中。[22]通过阅读《中华人民共和国职业分类大典》最新公布的134个绿色职业，我们可以发现其中70%的职业，是原有的工程、运输、建筑、能源领域的操作型岗位。

劳动力市场中的蓝领岗位存在巨大潜力，一方面这些岗位对学历要求不高，另一方面这些岗位的待遇也在逐渐提高。此外，目前国内政策正在引导和支持更多的行业转型升级，以更加绿色、环保的方式进行生产经营，而从一线成长起来的技术工，相对较为容易进入这类率先发展的绿色岗位，从而获得个人的职业发展。

第二，指导青年结合自身专业关注绿色职业趋势

各行各业都有其前沿的绿色趋势。导师可以协助青年收集相关信息，了解自身专业或者感兴趣专业的绿色职业趋势。一般情况下，青年可以通过如下方式了解相关信息。

（1）**专业课中的前沿知识和热点**。在各个专业的任课内容中会有相关介绍。比如物流行业，绿色包装、可回收包装、降低包装中的泡沫和塑料使用，就是行业的绿色趋势。那么在包装中，如何针对不同材质的运输品进行有效包装，就是一门实用的技术。比如能源行业，清洁能源的使用、管理以及监测就是最前沿的内容。

（2）**学校内主题团课内容**。学校内主题团课会介绍相关政策和趋势，在一些主题团课中，会有介绍碳排放和碳交易趋势和市场的内容，推荐青年关注相关报道推送和团课讲解内容。

（3）**了解专业对应的证书**。比如电气电子产品环保检测员、碳排放管理师、无人机驾驶证、园艺师证书等，都有相应的报考条件和考试内容，而这些内容可以让青年更多了解与这个绿色岗位相关的就业信息。

（4）**政策动向**。青年可以根据自己专业领域的关键词搜集相关政策，了解国家或地方围绕这个领域，出台了哪些与环境保护、绿色技能相关的倡导和规定。

---

[21]—中华人民共和国中央人民政府. 技能型人才缺口高达2000万，总理强调技工院校要发挥作用.（2019-08-21）
http://www.gov.cn/xinwen/2019-08/21/content_5423078.htm

[22]—中华人民共和国中央人民政府. 2022年第一季度全国招聘大于求职"最缺工"的100个职业排行发布.（2022-04-30）
http://www.gov.cn/fuwu/2022-04/30/content_5688261.htm

5. 绿色职业列表

《中华人民共和国职业分类大典（2022年版）》绿色职业		
序号	职业编码	职业名称
1	2-02-01-02	地球物理地球化学与遥感勘查工程技术人员
2	2-02-01-03	水工环地质工程技术人员
3	2-02-02-01	大地测量工程技术人员
4	2-02-02-03	摄影测量与遥感工程技术人员
5	2-02-02-05	海洋测绘工程技术人员
6	2-02-02-06	地理国情监测工程技术人员
7	2-02-02-07	地理信息系统工程技术人员
8	2-02-02-08	导航与位置服务工程技术人员
9	2-02-02-09	地质测绘工程技术人员
10	2-02-03-05	矿山环保复垦工程技术人员
11	2-02-05-07	冶金热能工程技术人员
12	2-02-07-11	汽车工程技术人员
13	2-02-12-01	发电工程技术人员
14	2-02-12-02	供用电工程技术人员
15	2-02-12-03	变电工程技术人员
16	2-02-12-04	输电工程技术人员
17	2-02-12-05	电力工程安装工程技术人员
18	2-02-17-01	铁道运输工程技术人员
19	2-02-18-01	建筑和市政设计工程技术人员
20	2-02-18-03	风景园林工程技术人员
21	2-02-18-04	供水排水工程技术人员

《中华人民共和国职业分类大典（2022年版）》绿色职业		
序号	职业编码	职业名称
22	2-02-18-06	城镇燃气与供热工程技术人员
23	2-02-18-07	环境卫生工程技术人员
24	2-02-20-01	防沙治沙工程技术人员
25	2-02-20-02	森林培育工程技术人员
26	2-02-20-03	园林绿化工程技术人员
27	2-02-20-04	野生动植物保护利用工程技术人员
28	2-02-20-05	自然保护区工程技术人员
29	2-02-20-06	森林保护工程技术人员
30	2-02-20-10	林业资源调查与监测工程技术人员
31	2-02-20-11	园林植物保护工程技术人员
32	2-02-20-12	湿地保护修复工程技术人员
33	2-02-21-01	水文水资源工程技术人员
34	2-02-21-02	水生态和河湖治理管护工程技术人员
35	2-02-21-04	防汛抗旱减灾工程技术人员
36	2-02-21-05	节水工程技术人员
37	2-02-22-01	海洋调查与监测工程技术人员
38	2-02-22-02	海洋环境预报工程技术人员
39	2-02-22-03	海洋资源开发利用和保护工程技术人员
40	2-02-25-01	气象观测工程技术人员
41	2-02-25-02	天气预报工程技术人员
42	2-02-25-03	气候监测预测工程技术人员

《中华人民共和国职业分类大典（2022年版）》绿色职业		
序号	职业编码	职业名称
43	2-02-25-04	气象服务工程技术人员
44	2-02-27-01	环境监测工程技术人员
45	2-02-27-02	环境污染防治工程技术人员
46	2-02-27-03	环境影响评价工程技术人员
47	2-02-27-04	核与辐射安全工程技术人员
48	2-02-27-05	核与辐射监测工程技术人员
49	2-02-27-06	健康安全环境工程技术人员
50	2-02-27-07	碳管理工程技术人员
51	2-02-30-02	物流工程技术人员
52	2-02-30-05	再生资源工程技术人员
53	2-02-30-06	能源管理工程技术人员
54	2-02-31-03	进出境动物和植物检验检疫人员
55	2-02-37-01	土地整治与生态修复工程技术人员
56	2-02-37-02	城乡规划工程技术人员
57	2-02-38-11	增材制造工程技术人员
58	2-03-03-00	植物保护技术人员
59	2-03-04-00	园艺技术人员
60	2-03-07-02	草业技术人员
61	2-06-06-03	森林资源评估专业人员
62	3-02-03-06	森林消防员
63	3-02-03-07	森林火情瞭望观察员

《中华人民共和国职业分类大典（2022年版）》绿色职业		
序号	职业编码	职业名称
64	4-01-04-00	再生物资回收挑选工
65	4-02-01-01	轨道交通列车司机
66	4-02-02-01	客运车辆驾驶员
67	4-02-02-02	道路货运汽车驾驶员
68	4-02-06-03	物流服务师
69	4-08-02-01	海洋水文气象观测员
70	4-08-02-03	海洋水文调查员
71	4-08-02-04	海洋生物调查员
72	4-08-03-01	大地测量员
73	4-08-03-02	摄影测量员
74	4-08-03-06	海洋测绘员
75	4-08-03-07	无人机测绘操控员
76	4-08-04-01	地理信息采集员
77	4-08-04-02	地理信息处理员
78	4-08-04-03	地理信息应用作业员
79	4-08-05-01	农产品食品检验员
80	4-08-05-07	电子电气产品检验员
81	4-08-06-00	环境监测员
82	4-08-07-04	地质调查员
83	4-08-08-23	建筑信息模型技术员
84	4-09-03-00	水土保持员

《中华人民共和国职业分类大典（2022年版）》绿色职业		
序号	职业编码	职业名称
85	4-09-05-01	自然保护区巡护监测员
86	4-09-05-02	草地监护员
87	4-09-06-01	野生动物保护员
88	4-09-06-02	野生植物保护员
89	4-09-07-01	污水处理工
90	4-09-07-02	工业固体废物处理处置工
91	4-09-07-03	危险废物处理工
92	4-09-07-04	碳排放管理员
93	4-09-07-05	碳汇计量评估师
94	4-09-08-01	保洁员
95	4-09-08-02	生活垃圾清运工
96	4-09-08-03	生活垃圾处理工
97	4-09-09-00	有害生物防制员
98	4-09-10-01	园林绿化工
99	4-11-01-03	综合能源服务员
100	4-12-01-03	电池及电池系统维修保养师
101	5-02-01-00	林草种苗工
102	5-02-02-00	造林更新工
103	5-02-03-01	护林员
104	5-02-03-02	森林抚育工
105	5-05-01-02	农业经理人

《中华人民共和国职业分类大典（2022年版）》绿色职业		
序号	职业编码	职业名称
106	5-05-01-03	农业数字化技术员
107	5-05-02-01	农作物植保员
108	5-05-02-02	林业有害生物防治员
109	5-05-03-01	沼气工
110	5-05-03-02	农村节能员
111	5-05-03-03	太阳能利用工
112	5-05-03-04	微水电利用工
113	5-05-03-05	小风电利用工
114	5-05-04-00	农村环境保护工
115	6-07-01-02	制浆废液回收利用工
116	6-10-01-11	油母页岩提炼工
117	6-10-03-06	煤提质工
118	6-14-01-02	轮胎翻修工
119	6-18-01-13	增材制造设备操作员
120	6-20-02-04	风电机组制造工
121	6-22-01-03	汽车零部件再制造工
122	6-22-02-02	汽车回收拆解工
123	6-23-02-06	拆船工
124	6-24-02-04	光伏组件制造工
125	6-27-01-00	再生物资加工处理工
126	6-28-01-08	余热余压利用系统操作工

《中华人民共和国职业分类大典（2022年版）》绿色职业		
序号	职业编码	职业名称
127	6-28-01-09	水力发电运行值班员
128	6-28-01-10	光伏发电运维值班员
129	6-28-01-12	风力发电运维值班员
130	6-28-02-05	工业废气治理工
131	6-28-03-01	水生产处理工
132	6-28-03-02	水供应输排工
133	6-28-03-03	工业废水处理工
134	6-28-03-05	管廊运维员

国际救助儿童会（英国）北京代表处

地址：北京市朝阳区建外外交公寓 2 号楼 2 单元 51,52 室

邮编：100600

电话：010-65004408/65006441

传真：010-65006554